Gute Arbeit am Huf

Gute Arbeit am Huf

So erkennt man einen guten Hufschmied oder Hufpfleger

Von Burkhard Rau

Copyright © 2001 by Cadmos Verlag GmbH, Lüneburg
Gestaltung: Ravenstein Brain Pool
Cover, Satz und Layout: Nicole Schröder
Titelfoto und Innenfotos: Burkhard Rau
Zeichnungen: Martina Diederich
Druck: Westermann Druck, Zwickau
Alle Rechte vorbehalten.

Abdrucke oder Speicherung in elektronischen
Medien nur nach vorheriger schriftlicher
Genehmigung durch den Verlag.

Printed in Germany

ISBN 3-86127-525-2

Inhalt

1 Nicht jeder Hufschmied ist auch einer — 8

So viele Fachleute – sehen Sie vor Bäumen
den Wald nicht mehr? — 8
Was haben Fliesenleger und Hufexperten
gemeinsam? — 9
Wer macht denn eigentlich was? — 10
   Die Zielsetzung der Hufschmiede — 10
   Ziel der Hufpfleger und Huftechniker GdHK e.V.
   (Gesellschaft der Huf- und Klauenpfleger) — 11
   Offizielles Ziel der Hufpfleger nach
   Frau Dr. Strasser (Verein der Hufpfleger e.V., VdHP) — 11
   Ziel der Hufpfleger nach Biernat
   (Deutsche Huforthopädische Gesellschaft (DHG) e.V. — 12
Wie unterscheide ich den Murkser vom Meister? — 13

2 Der Hufexperte kommt — 14

Kooperation ist alles! — 14
Jeder Hufexperte hat zwei Kunden — 15
Was wünscht der Reiter? — 16
Und was braucht das Pferd? — 16
   Die Bedürfnisse des Pferdes als Individuum — 16
   Die Bedürfnisse des Pferdes als Mitglied
   der Pferdegruppe — 17
   Die Bedürfnisse des Reitpferdes — 17
   Die Bedürfnisse des Pferdes während der Hufarbeit — 17
   Die Bedürfnisse des Pferdes als Patient — 20
Einrichtung des Arbeitsplatzes — 20
Die Arbeit beginnt — 22
   Und zwar immer mit Laufen! — 22
Der Arbeitsplan entsteht — 25
Mit oder ohne Hilfsperson? — 26

Inhalt

3 Das Abnehmen der alten Beschläge — 27

4 Die Bearbeitung der Hufe — 31

Keine Arbeit nach Schema F! — 31
Nicht die Menge macht's! — 32
Hufbearbeitung zum Beschlagen oder Barfußgehen – was ist anders? — 33
Grobe Fehler beim Ausschneiden — 35
Welches Werkzeug? — 36
Zeige mir dein Werkzeug, und ich sage dir ... — 37
Ordnung am Arbeitsplatz — 40
Vertrauen ist gut, Kontrolle ist besser — 41
Irren ist menschlich, aber ... — 43
Das Wichtigste auf einen Blick — 44

5 Die Beschlagsarbeit — 45

Damit fängt alles an: Die Auswahl des Hufschutzes — 45
Mein Schmied beschlägt nicht mit Kunststoff! — 46
Die Ausführung der Arbeit — 47
Der Hufschutz soll an den Huf angepasst werden und nicht umgekehrt! — 48
Der Nagel: an ihm hängt einiges! — 49
   Checkliste für die Auswahl des richtigen Nagels — 49
Das Nageln — 51
   Zu niedrig genagelt — 53
   So soll es sein — 53
   Wie viele Hufnägel? — 54
Gutes Beschlagen beginnt auf dem Amboss — 55
Aufbrennen, nicht einbrennen! — 55
Kontrolle, immer wieder Kontrolle — 56
Ganz mies: Weiten des Beschlages am Huf — 56
Auch nicht in Ordnung: Zehenkappen an den Huf hämmern — 57
Das Eisen soll weit und lang sein! Aber: Keine Regel ohne Ausnahme — 57
Die Zehenrichtung — 58
Das Vernieten — 59
Das Wichtigste auf einen Blick — 61

6 Alternative Hufschutzfornen — 63

Kunststoffbeschlag — 63
   Der Beschlag muss weit genug sein — 63
   Bitte nur mit Bohren! — 64
   Positionsmarkierung am Huf — 65
   Bearbeitung des Kunststoffes — 65
Beschläge aus Metallkern mit Gummi oder PU-Ummantelung — 65
   Kontrolle schwieriger — 66
   Die Zehenkappen — 66
   Können Sie etwa zwischen Beschlag und Huf durchgucken ...? — 66
Kleben — 66
   Nur was für Geduldige — 66
   Für jeden Huf gibt's den passenden Klebeschuh — 67
   Sauber und fettfrei — 67
Niemals vergessen: Die Endkontrolle — 68

7 Die Dokumentation des Hufexperten — 69

8 Einsatz von orthopädischen Hilfsmitteln — 70

9 Kooperation zwischen Tierarzt und Hufexperte — 73

10 Die Haftung und Gewährleistung des Hufexperten — 75

Was tun bei Meinungsverschiedenheit und Streit? — 75
Die juristische Seite: Werkvertrag oder Dienstvertrag? — 76
Vorbeugen ist besser als ... — 79

1 Nicht jeder Hufschmied ist auch einer

So viele Fachleute – sehen Sie vor Bäumen den Wald nicht mehr?

Früher war es einfach: da gab es einzig und allein den staatlich geprüften Hufschmied, bis in die Sechzigerjahre noch als eigenständigen Lehrberuf, später mangels Nachfrage nach Hufschmieden als Zusatzausbildung zum Metallbauer.

Heute sieht es anders aus – wenn Sie Zeitungen oder Pferdefachzeitschriften aufschlagen, finden Sie zahlreiche Anzeigen, mit denen Hufexperten verschiedenster Titelbezeichnung ihre Dienste anbieten: Hufpfleger, Huftechniker, Barhufexperte, Huforthopäde … wissen Sie noch, wen Sie da zur Pediküre Ihres Pferdes bestellen sollen?

Selbst für den Fachmann ist die heutige Situation kaum noch zu durchblicken, viele Regelungen und Bestimmungen sind unklar.

Da die Berufsbezeichnungen nicht geschützt sind, gibt es neben den staatlich geprüften Fachleuten auch solche mit Prüfungen privater Institutionen oder auch Autodidakten, die sich selbst zu Experten tituliert haben.

Wie bei den Hufschmieden auch gibt es unter ihnen Könner, die ihr „Handwerk" verstehen; solche, die es gut meinen, aber schlecht können und leider auch solche, die lediglich eine „schnelle Mark" verdienen und vielleicht einen gerade aktuellen Trend ausnutzen wollen.

Für Sie als Pferdebesitzer ist letztlich uninteressant, welche Ausbildung jemand durchlaufen oder welchen Abschluss er gemacht hat: er soll seine Arbeit gut erledigen können.

In den meisten Berufen ist die vorgewiesene formale Qualifikation ein sicheres Indiz für gute Fachkompetenz. Das ist in der Hufbearbeitung leider nicht mehr so!

Stellen wir uns zum Vergleich folgendes Beispiel vor:

Jeder kann sich im Baumarkt einen Sack Fliesenkleber kaufen und noch ein paar Kartons Fliesen auf den Wagen packen, um zu Hause seinen Fußboden mit den Platten neu auszulegen. Der Hinweis auf dem Klebersack über die beizumischende Wassermenge reicht zur Erstellung aus, und ein kurzer Blick in das „Handbuch des Heimwerkers" macht uns zum Fliesenleger. Unkritisch, wie wir zum Ende der Arbeit geworden sind, verfallen wir in großes Entsetzen, wenn die ersten Freunde zu Besuch kommen um den neuen Boden zu inspizieren und der eine oder andere Mangel laut bemäkelt wird.

Wenn nun aber der benachbarte Lehrjunge aus dem zweiten Lehrjahr dieselbe Arbeit für uns gemacht hätte, so wären die Freunde auf den ersten Blick sicherlich begeistert, und nur nach sehr genauer Inspektion wäre der eine oder andere Mangel offensichtlich geworden. Die Beauftragung des Fachbetriebes, der den Auftrag unter meisterlicher Anweisung und Abnahme ausgeführt hätte, würde jeder noch so kritischen Beobachtung standhalten.

Und wen haben Sie beim letzten Mal an Ihr Pferd gelassen?

War es der im Lernen befindliche Auszubildende oder aber der nette Nachbar, der immer noch die Leistungen auf dem Stand des Heimwerkers abliefert, oder hatten Sie Glück und einen Meister seines Faches im Stall?

So einfach die oberflächliche Begutachtung der Fliesenlegerarbeit ist, weil jeder, der schon einmal einen richtig verlegten Plattenboden gesehen hat, das Werk mit dem Gesehenen vergleichen kann, so schwierig gestaltet sich mitunter die Beurteilung einer Arbeit am Pferdehuf, weil der Pferdehalter oft nicht in der Lage ist, gute von schlechter Arbeit zu unterscheiden, und darauf angewiesen ist, zu glauben, was der jeweilige „Experte" ihm erzählt.

Sie sind der Ansicht „Eisen hält möglichst lange, Pferd lahmt nicht, folglich war die Arbeit gut"? Leider ist es nicht so einfach.

Was haben Fliesenleger und Hufexperten gemeinsam?

Ob die Arbeit unseres als Beispiel strapazierten Fliesenlegers schlussendlich wirklich meisterlich war und er vor der

Nicht jeder Hufschmied ist auch einer

Ausführung der Arbeit alle Konsequenzen seines Tuns bedacht hat, zeigt sich in der Regel erst nach vielen Jahren, denn ein fachmännisch installierter Boden muss bei richtiger Pflege auch nach 20 Jahren noch wie neu aussehen. Auch die Ausrede, dass das Fliesenmaterial nicht das richtige für die geplante Arbeit war, würden wir nicht gelten lassen, da wir vom Meister auch erwarten dürfen, dass er uns bei der Wahl der richtigen Fliesen berät.

Bei jeder Arbeit an den Hufen des Pferdes ist es genauso. Ob Ihr Fachmann wirklich einer ist, zeigt sich erst nach vielen Jahren, in denen das Pferd immer vom gleichen Mann oder der gleichen Frau betreut wurde, ohne dass sich in dieser Zeit gravierende Probleme mit den Hufen ergaben.

Die heute existierenden Verbände von Hufexperten verfolgen zum Teil recht unterschiedliche Ansätze der Hufbearbeitung. Da einige von ihnen noch relativ neu sind, fehlt in vielen Dingen einfach noch diese Langzeiterfahrung. Noch können wir nicht belegen, ob ein Pferd, das sein Leben lang mit Kunststoffplatten beschlagen war, wirklich länger gesund und reittauglich bleibt als ein eisenbeschlagenes. Wir sind in diesen Fragen noch in der Phase der (vielleicht begründeten) Spekulation.

Wer macht denn eigentlich was?

So unterschiedlich die Arbeitsansätze und die Ausbildungsgänge der einzelnen Verbände sind, so anders muss bei der Beurteilung, ob der bestellte Fachmann den eigenen Anforderungen entspricht, vorgegangen werden. Um herauszufinden, ob der bestellte Fachmann zu mir passt, ist sicherlich die genaue Formulierung der eigenen Erwartungen an den Hufexperten wichtig und die Kenntnis darüber, welche Zielsetzung er verfolgt.

Die Zielsetzung der Hufschmiede

Da es Hufschmiede nach der klassischen Ausbildung schon lange gibt, kann ich diesen Bereich kurz halten, will die Zielsetzung des Hufbeschlages aber zum Gradmesser machen, an dem die Ausbildungen der anderen Hufexperten mit ihren Unterschieden verdeutlicht werden können.

Jeder Hufschmied muss seine Arbeit nach den unten formulierten Grundsätzen für die Hufschmiedearbeit ausrichten und die nun beschriebenen Maxime zu erreichen suchen:

- Die Hufe müssen auf ihre natürliche Größe und Form gebracht werden, sie sind dabei nach Möglichkeit zum Fesselstand passend zu machen.
- Die Hufeisen müssen in ihrer Größe den gegebenen Verhältnissen entsprechen, jedoch sind außerdem bei ihrer Wahl und Formgebung der Gebrauchszweck des Pferdes, Besonderheiten im Körperbau sowie der Gliedmaßenstellung und -bewegung und eventuell vorhandene krankhafte Zustände zu berücksichtigen. (Aus: Herrman Ruthe, *Der Huf*)

„Hufeisen" ist hier als Synonym für jegliche Form des Hufschutzes zu verstehen.

Die Arbeit des Hufschmiedes ist also dreigeteilt:

1. Bestandsaufnahme und Arbeitsplanung; durch genaue Beurteilung in Stand und Bewegung (Schritt und Trab) muss der Hufschmied die individuellen Probleme des Pferdes erkennen und planen, welche Maßnahmen eine sinnvolle Besserung erreichen.

2. Die Arbeit wird nach den Planungen aus Punkt 1 durchgeführt.

3. Die Endkontrolle überprüft, ob es gelungen ist den Plan umzusetzen, oder ob Missstände aufgetreten sind oder nicht behoben wurden, die eine Nachbesserung nötig werden lassen.

Die Ausbildung zum Hufschmied ist eine Fortbildung für die gelernten Metallbauer mit der Fachrichtung Metallgestaltung. Artverwandte Berufe werden durch Einzelbeantragung und Beschluss zugelassen. Die Metallbauer machen ein mindestens einjähriges Praktikum bei einem geprüften Hufschmied, das sie zumindest bei einigen Hufbeschlagsschulen durch Vorlage des Rentenversicherungsnachweises belegen müssen.

Während der vier Monate dauernden Hufbeschlagsschule erarbeiten die Kandidaten die fehlenden Kenntnisse der Fachtheorie, und sie lernen die richtige Ausführung der orthopädischen Beschläge. Die eigenständige Herstellung von Hufeisen und Klauenbeschlägen sowie der „Feinschliff" mit Hammer und Amboss bildet den dritten Schwerpunkt der Ausbildung. Der Lehrgang schließt mit der staatlichen Prüfung vor einem öffentlich bestellten Prüfungsausschuss ab.

Es stimmt nicht, dass Hufschmiede, wie leider oft behauptet, in ihrer Ausbildung nur die Bearbeitung des Metalles lernen und nicht die richtige Zubereitung des (beschlagenen oder unbeschlagenen) Pferdehufes

Ziel der Hufpfleger und Huftechniker GdHK e.V. (Gesellschaft der Huf- und Klauenpfleger)

Die Grundsätze sind denen der Hufschmiede sehr ähnlich: Die Hufpfleger bereiten den unbeschlagenen Huf zu, die nach den Richtlinien des Verbandes ausgebildeten Huftechniker beschlagen außerdem Hufe mit allen auf dem Markt befindlichen Hufschutzmöglichkeiten mit Ausnahme des Hufeisens. Der „Fachagrarwirt Hufpflege" entspricht von der Ausbildung her dem Hufpfleger GdHK, schließt aber mit einer staatlichen Prüfung ab.

Die Ziele der Beschlagsarbeit und der Zurichtung des Hufes auf das unbeschlagene Laufen unterscheiden sich nicht wesentlich von denen der Hufschmiede, wobei der Eisenbeschlag aber, wenn möglich, vermieden wird. Die Kooperation mit Hufschmieden wird angestrebt und gefördert, der Verband sieht seine Tätigkeit eher als Ergänzung zum traditionellen Hufbeschlag denn als Konkurrenz.

Offizielles Ziel der Hufpfleger nach Frau Dr. Strasser (Verein der Hufpfleger e.V., VdHP)

Wie auch immer die Hufe vorgefunden werden, muss unbedingt, so gut es geht, die von Strasser definierte Idealform des Hufes und der Sohle angestrebt werden, die die Voraussetzung für Funktionstüchtigkeit darstellt. Nicht selten muss

Nicht jeder Hufschmied ist auch einer

deswegen täglich die nachwachsende Hornsubstanz korrigiert werden, so lange, bis die Idealform des Hufes (und der Sohle) erreicht ist und sich stabilisiert hat. Unbewegliche, beschlagene und beklebte Hufe sind ein „Übel" und ursächlich für sich immer einstellende Entzündungen der Sohlenlederhaut und werden energisch abgelehnt.

Die Lehre nach Strasser bindet dringliche Empfehlungen zu den Bodenverhältnissen und Haltungsbedingungen für den Erfolg der Hufpflegearbeit ein (aus: Hiltrud Strasser, *Gesunde Hufe ohne Beschlag*, Band III).

Die nach Strasser ausgebildeten Hufpfleger weisen die Besitzer von Pferden, die vom Beschlag auf das Barfußlaufen umgestellt werden sollen, darauf hin, dass dieser Prozess eine langwierige, bis zu acht Monaten dauernde Prozedur sein kann. Mit Hufabszessen wird in dieser Umstellungsphase gerechnet; diese resultieren nach Strassers Theorie aus der Aktivierung des durch den Hufbeschlag geschädigten Hufes. Das Ziel der Arbeit ist die endgültige Umstellung auf das unbeschlagene Laufen des Pferdes mit uneingeschränkter Nutzung. Die einzige für die Hufpfleger nach Strasser denkbare Hufschutzform ist der zeitweilige Gebrauch von Hufschuhen.

Ziel der Hufpfleger nach Biernat (Deutsche Huforthopädische Gesellschaft (DHG) e.V.

Hier ist die Herstellung eines symmetrischen Hufes mit gleichmäßiger Belastungsverteilung das Primärziel der Arbeit. Durch regelmäßige Bearbeitung des Hufes und das Verdünnen der weiteren Hornwandbereiche wird angestrebt, dass sich der Huf verändert abnutzt und sich so die Symmetrie des Hufes einstellt.

Die Bearbeitung geschieht im Wesentlichen durch die Beraspelung und Verdünnung der breiteren, geringer belasteten Hornwand.

Starre Hufbeschläge ermöglichen nach Biernat die Ausbeutung des Pferdes, da sie die Fühligkeit des Tastorgans Huf auf schlechten und steinigen Untergründen nehmen, und werden somit abgelehnt. Wenn der Zustand der symmetrischen Hufe mit gleichmäßig verteilter Lastaufnahme erreicht ist, werden Hufschuhe oder Kunststoffbeschläge zum Schutz vor zu großer Hufabnutzung verwendet.

Bei den Huforthopäden nach Biernat geht es bei der Arbeit um die Regulierung von Problemhufen. Die Arbeit entspricht mit zwei Ausnahmen der gängigen Arbeitsweise der Hufschmiede:

1. Als Grundlage für die Arbeitsplanung dient dem Schmied die Beurteilung des ganzen Pferdes, die Huforthopäden arbeiten nach der ausgiebigen Beurteilung des Hufes und erkennbaren Deformationen. Auf Basis dieser Beobachtung wird auf den Bewegungsablauf des Pferdes rückgeschlossen.

2. Wenn Hufschmiede mit Cutter oder Hauklinge den Tragrand von der Sohlenfläche her kürzen und zur Beibehaltung der Stellung die zu verdünnenden Wandbereiche bearbeiten, so arbeiten die Huforthopäden ausschließlich mit der Verdünnung der Wand, um eine langsame, selbst wirkende Korrektur durch die Bewegungsabnutzung zu erreichen. Da diese Arbeitsweise nur bei darauf abgestimmten Bodenverhältnissen greifen kann, bietet diese Gruppe ein eigens darauf abgestimmtes „Rehazentrum" für ihre Kunden an. Die „Huforthopäden DHG" drängen erst seit kurzem auf den Markt, weshalb es kaum Langzeiterfahrungen mit ihrer Arbeit gibt.

Wie unterscheide ich den Murkser vom Meister?

Dazu müssen Sie wissen, welche Fehler gemacht werden können und woran Sie sie erkennen; welche Fahrlässigkeiten, zum Teil sogar grobe Fahrlässigkeiten, oft anzutreffen sind, die zwar meist nicht zu kurzfristig erkennbaren Problemen führen, sehr wohl aber langfristig Schädigungen des ganzen Hufes, besser: des ganzen Pferdes, nach sich ziehen und ungeahndet bleiben.

Sie müssen außerdem das, was der jeweilige Experte tut, in Relation zu dem von ihm selbst gesteckten beziehungsweise formulierten Ziel setzen.

Nicht nur Sie leiden unter der Begriffsvielfalt, auch der Autor!

Deshalb, und auch, um Ihnen beim Lesen einen Gefallen zu tun, werde ich für alle im Job der Hufbearbeitung tätigen Menschen den Oberbegriff „Hufexperte" verwenden und die genaue Bezeichnung, also zum Beispiel „Hufpfleger" oder „Hufpfleger nach Strasser" nur dann benutzen, wenn sich die Bemerkung ausschließlich auf diese Gruppe bezieht. Es soll uns ja nicht um die Titel gehen, sondern darum, was der Einzelne kann oder eben nicht kann.

Außerdem bitte ich um Verzeihung für den Begriff „fachmännisch". Ich muss ihn aus Mangel einer Alternative in der deutschen Sprache benutzen, obwohl mir bewusst ist, wie viele Frauen mittlerweile in der Hufbranche erfolgreich tätig sind. Also Entschuldigung, meine Damen, Sie sind natürlich genauso gemeint!

2 Der Hufexperte kommt

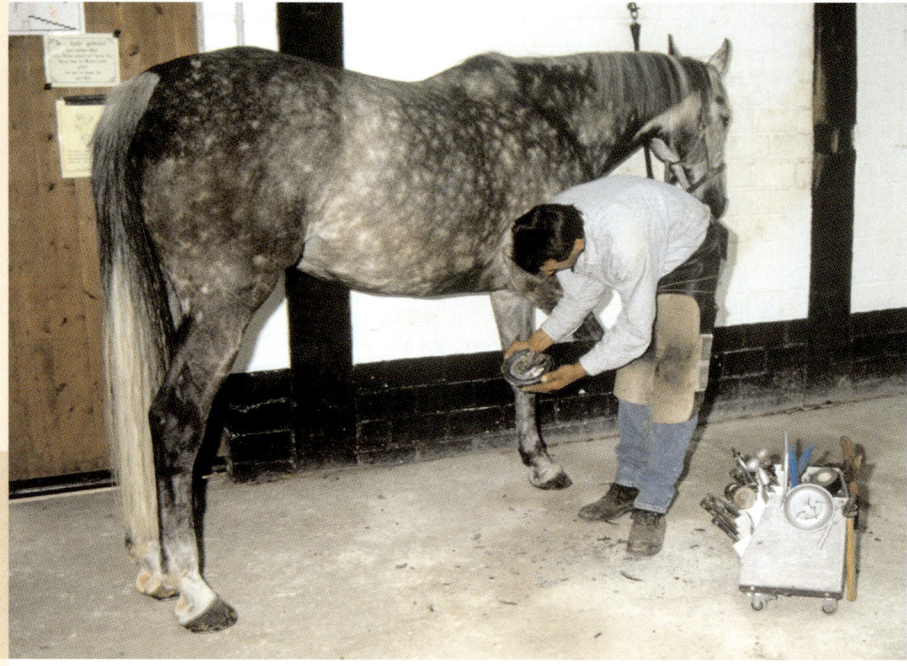

Der Schmied ganz alleine mit dem Pferd – so sollte es nicht sein!
Foto: P. Prohn

Gute Arbeit kann nur gelingen, wenn auch die Vorarbeiten stimmen, und zwar sowohl die gedanklichen als auch die technischen.

Kooperation ist alles!

Wie oft kann man beobachten, dass der Hufexperte auf den Hof fährt, dem Pferdebesitzer Guten Tag sagt, der darauf das Pferd herbeiholt, der Hufexperte währenddessen sein Werkzeug gerichtet hat und nun munter ans Werk geht. Vielleicht lobt er den Pferdebesitzer noch ob des guten neuen Pferdeerwerbs, woraufhin der Pferdebesitzer sich seiner liegen gelassenen Arbeit zuwendet und dem Hufexperten noch zusagt:

Wenn irgend was ist, du weißt ja, wo ich bin!

So oder ähnlich spielt sich der Beschlagstermin nur zu oft ab!

Im diesem Negativbeispiel handelt der Hufexperte nicht nur fahrlässig, da auf diesem Wege kein befriedigendes Ergebnis erzielt werden kann, sondern er handelt auch fahrlässig bezüglich der Unfallverhütungsvorsorge gegenüber dem Pferd und sich selber.

Jeder Hufexperte hat zwei Kunden

Der Hufexperte hat, sobald er den Termin angenommen hat und nun auf den Hof kommt, zwei Kunden: das Pferd und seinen Besitzer. Der Pferdebesitzer beziehungsweise Reiter beauftragt den Hufexperten, eine Leistung an den Hufen des Pferdes zu erbringen, die zum Schutz des Pferdes und zum Nutzen des Reiters notwendig ist.

Maßnahmen, die signalisieren, nur für einen der beiden Kunden da zu sein, sind zum Scheitern verurteilt und werden der Sache nicht gerecht.

Beispiel: Die Bearbeitung der Pferdehufe unter Auslassung der (vielleicht gar nicht deutlich geäußerten) Wünsche des Reiters werden entweder zur Unzufriedenheit des Reiters führen oder seine für die Maßnahme unter Umständen nötige Kooperation wird bald fehlen und der Erfolg ist in Frage gestellt.

Im Gegensatz dazu steht die Maßnahme, die auf Wunsch des Reiters am Pferd ausgeführt wird, ohne dass der Hufexperte selber von der Richtigkeit oder dem Sinn überzeugt ist oder die vielleicht sogar vom Reiter gewünscht, aber nach Überzeugung des Hufexperten offensichtlich falsch ist; so wird sich in der Regel nach einiger Zeit trotz der anfänglichen Zufriedenheit des Reiters mit seinem Hufexperten die Reklamation einstellen. Nicht jeder Fehler wird in kurzer Zeit als Fehler sichtbar, sondern es dauert manchmal eine ganze Weile. Diese Situation ist für den Hufexperten nicht immer einfach! Er muss den goldenen Mittelweg zwischen den Bedürfnissen seiner beiden Kunden – Pferd und Reiter – finden und beide zufrieden stellen. Das eine Extrem sind (von den Reitern häufig beklagte) Hufexperten, die auf die Wünsche des Reiters, zum Beispiel nach dem Anbringen von Kunststoffbeschlägen, überhaupt nicht eingehen und ihre Ablehnung lediglich damit begründen, sie würden nur das tun, was sie schon immer gemacht hätten und was sich bewährt hätte. Das andere, genauso schlimme Extrem sind diejenigen, die jede Neuerung auf dem Markt kritiklos am Versuchskaninchen Pferd ausprobieren und den neuen Beschlag, den der Reiter vor kurzem in einer Fachzeitschrift gesehen hat, auf Wunsch unter die Hufe nageln, obwohl sie wissen oder wissen müssten, dass er für dieses individuelle Pferd gar nicht geeignet ist und sich auf seine Hufgesundheit negativ auswirken wird.

So ist es besser: die Pferdebesitzerin ist anwesend und hilft durch richtiges Aufhalten sogar noch mit. Ob der Schmied lieber mit oder ohne Aufhalter arbeitet, ist letztendlich Geschmackssache, aber auf jeden Fall sollte eine zweite Person anwesend sein.

Der Hufexperte kommt

Wenn ein neues Pferd in die Herde kommt, ist die Verletzungsgefahr durch Huftritte besonders groß.

Was wünscht der Reiter?

Um die Wünsche, Vorstellungen und Bedürfnisse, aber auch die Möglichkeiten des Pferdebesitzers zu ergründen, reicht oftmals ein Gespräch. Gezielte Fragen des Hufexperten müssen diese oben erwähnten Fakten klären, wobei dem Reiter auch bewusst werden kann, dass er sich die eine oder andere Sache noch gar nicht überlegt hat und der Hufexperte nun nach Beobachtung, Beurteilung und Einschätzung des Pferdes dem Reiter zu bestimmter Vorgehensweise raten kann. Schwieriger und zeitaufwändiger, aber auch eine der wesentlichsten Voraussetzungen für eine gute Arbeit ist das Erkunden der Pferdebedürfnisse.

Und was braucht das Pferd?

Die Pferdebedürfnisse teilen sich in folgende Bereiche auf:

Die Bedürfnisse des Pferdes als Individuum

Das Individuum Pferd wird mit seinen individuellen Problemen, seinen Bewegungsstörungen oder Angewohnheiten gesehen und beurteilt. Sehr wichtig ist die Information über den Lebensraum des Pferdes und der Abgleich mit den erkannten Auffälligkeiten. Unter Umständen ist die Entstehung eines Problems oder einfach einer Auffälligkeit dem Lebensraum entsprungen.

Beispiel: Ein zweieinhalb Jahre altes Fohlen, welches auf hügligen und steilen Wiesen aufwächst, zeigt eine altersuntypische starke Muskulatur und wird somit oft „erwachsener" wirken. Beim selben Fohlen, das in einer flachen Weide aufwächst, würde die gleiche Muskelstärke auf zu frühzeitigen Beritt hinweisen.

Noch ein Beispiel: Ein Pferd, welches viel auf tiefen und weichen Bachwiesen gehalten wird, hat sicherlich weite Hufe. Der Versuch, hier wenn gewünscht korrigierend einzugreifen, wird erschwert, wenn nicht unmöglich, solange nicht flankierend die Haltung auf die Absicht des Hufexperten abgestimmt ist.

Die Bedürfnisse des Pferdes als Mitglied der Pferdegruppe

Die Beobachtung des Pferdes in der Herde beziehungsweise Gruppe gibt wichtige Informationen über dessen Interieur und sein Gruppenverhalten. Diese Beobachtung dient nicht nur dem Wohle des Pferdes selbst, sondern auch dem seiner Gruppenmitglieder. Das Gruppenverhalten kann entscheidenden Einfluss auf die Art der folgenden Arbeiten am Pferdehuf haben. Bei einem zu seinen Artgenossen aggressiven Tier wird man, wenn möglich, auf Beschläge verzichten oder verletzungsmindernde Hufschutzformen wählen. Das oft zu beobachtende Vertrauen der Hufexperten auf die Informationen der Besitzer oder Reiter ist hier sicherlich nicht ausreichend.

Die Bedürfnisse des Reitpferdes

Berücksichtigt werden hier Informationen des Reiters bezüglich seiner Reitgewohnheiten, seiner Reitweise, der Häufigkeit und Intensität und eventuell anstehender Veränderungen sowie die Beurteilung des Pferdes selbst. Der Reiter, der sein Pferd kurz vor den Sommerferien huftechnisch bearbeiten lässt und vor hat, in den nächsten Wochen viele und lange Ritte zu unternehmen oder vielleicht sogar auf einen Wanderritt zu gehen, muss seinen Hufexperten von diesem Vorhaben informieren, damit die Arbeit entsprechend angepasst werden kann. Der zweite Teil der Bedürfnisse des Reitpferdes ergibt sich aus der Beurteilung des Pferdes und dessen Gangwerk, also der genauen Inspektion des Pferdes durch den Hufexperten in Stand und Bewegung.

Die Bedürfnisse des Pferdes während der Hufarbeit

Dieses Kriterium bedarf einer genauen Beurteilung des Interieurs. Die Arbeit des Hufexperten stellt eine außerordentliche Situation für das Pferd dar. Nicht selten erkennen die Besitzer ihr braves Pferd in dieser für manche Pferde sehr bedrohlichen Lage kaum wieder. Der Hufexperte muss hier den Huf aus seiner Berufsbezeichnung streichen und zum Pferdeexperten werden! Der Fachmann kann durch die Beurteilung des Interieurs sehr gesichert vermuten, ob und in welcher Weise sich die kommende Arbeit auf das Verhalten des Pferdes auswirken wird. Er muss im Vorfeld entscheiden, welche Maßnahmen getroffen werden um die Aufregung des Pferdes zu minimieren. Hat sich ein Pferd einmal aufgeregt, so wissen wir alle, dass alle danach kommenden Aktionen schwieriger werden. Das Pferd ist angespannt und auf weiteres für sich Bedrohliches eingestellt.

Der Hufexperte hat das Wissen und die Erfahrung, geeignete Maßnahmen anzuordnen um diese Eskalation zu verhindern. Diese richtige Beurteilung des Interieurs bezogen auf das zu erwartende Verhalten bei der Arbeit an den Hufen ist auch von rechtlicher Relevanz: Nur das als „schmiedefromm" zu bezeichnende Pferd sollte fest an einem Strick angebunden werden. Zur kurzen Erklärung: Durch die Beobachtung des

Der Hufexperte kommt

Dieses Pferd beobachtet das Geschehen aufmerksam, aber ruhig und gelassen.

Pferdes ist die Einordnung in eine Beurteilungsgruppe möglich; die Pferde werden in folgende Gruppen eingeteilt:

Das *schmiedefromme oder brave* Pferd ist das Pferd, welches sich alle zur Bearbeitung des Hufes mit oder ohne Beschlag notwendigen Arbeiten ohne Widersetzlichkeit und kooperativ gefallen lässt, wenn der Arbeitsplatz geeignet ist und der Hufexperte die notwendige Ruhe und Erfahrung zur Ausübung der Tätigkeit hat.

Das *ängstliche oder unerfahrene* Pferd darf nicht angebunden werden, braucht in der Regel eine vertraute Bezugsperson, die das Pferd an den Zügeln fest hält. Der Hufexperte darf bei diesem Typ Pferd nur mit sehr viel Geduld und Verständnis arbeiten um das Tier nicht zu verschrecken und zu „verderben". Strafe und Zwang ist unter allen Umständen zu vermeiden. Der gute Hufexperte ist nicht nur äußerlich ruhig, sondern wirklich so gelassen, dass sich diese Zuversicht auf das Pferd überträgt wird. In vielen Fällen muss der Hufexperte geeignete Maßnahmen wählen, die zum Gelingen beitragen. So ist vielleicht das Beistellen eines zweiten Pferdes oder aber das Wechseln des Arbeitsplatzes hilfreich für das ruhige Ablaufen der Hufbearbeitung. Die mangelhafte Beurteilung des Pferdes kann hier zu schwer korrigierbarem zukünftigen Verhalten des Pferdes führen.

Das *kitzlige* Pferd ist zum Beispiel eine rossige Stute oder ein sehr selbstbewusstes dominantes Pferd. Dieser Charakter muss auf die Arbeit konzentriert werden, und es muss konsequent und unmissverständlich vorgegangen werden. Die Art des Aufhaltens, ob durch den Hufexperten oder einen separaten Aufhalter, geschieht direkt an der Röhre und temporeicher. Kitzlige Pferde sind in der Regel dann sehr kooperativ. Die Arbeit mit einem separaten Aufhalter fällt dem Hufexperten in der Regel leichter.

Das *misstrauische* Pferd sollte nur in Anwesenheit einer vertrauten Bezugsperson mit einem guten Verhältnis zum Pferd bearbeitet werden. Der Hufexperte muss immer vor einem weiteren Arbeitsgang am Pferd verbalen und oder Blickkontakt zum Pferd haben. All seine Gestik und seine Bewegungen sollten sehr kontrolliert ablaufen und für das Pferd unmissverständlich sein. Als Regisseur muss der Hufexperte alle Maßnahmen, die zum reibungslosen Ablauf der Arbeit beitragen, initiieren und durchsetzen. Futtergaben während der Arbeit, beruhigendes Einreden auf das Pferd durch die Person am Kopf oder Ähnliches obliegen der Einleitung durch den Hufexperten.

Dieses Pferd ist misstrauisch – noch ist nicht klar, in welche Richtung sich seine Reaktionen entwickeln werden.

Der Hufexperte kommt

Das *stallmutige* Pferd ist, so hoffe ich, heute nur noch sehr selten anzutreffen. Es sind Pferde, die durch zu viel untätiges Stallleben oder Herumstehen im Auslauf nun unruhig, übermütig und ungeduldig geworden sind. Der Hufexperte muss bei diesen Pferden auf eine ermüdende vorangehende Arbeit bestehen und darauf hinwirken, dass diesem Pferd wieder genug Arbeit gegeben wird, so dass es sich wieder zum schmiedefrommen Tier entwickeln kann.

Grundsätzlich falsch, aber leider häufig wird das stallmutige Pferd unter Einsatz von Zwangsmitteln wie Kappzaum oder Nasenbremse oder mäßiger Züchtigung bearbeitet. In gleichem Maße verwerflich ist der Einsatz von Beruhigungsmitteln. Solche Verhalten sind das Ergebnis einer unzureichenden oder fehlerhaften Beurteilung und machen oft ein braves Pferd durch diese ungeeigneten Maßnahmen zu einem schwierigen Pferd.

Das *kollerige* Pferd: Mit diesem Begriff werden alle Pferdecharaktere beschrieben, bei denen während der Hufbearbeitung mit Widersetzlichkeiten und Problemen gerechnet werden muss.

Bei diesen Pferden ist der Einsatz von Beruhigungsmitteln manchmal sinnvoll, aber es ist auch oft zu beobachten, dass sich die Unberechenbarkeit des Pferdes im beruhigten Zustand steigert.

Der Einsatz von Zwangsmitteln wie einem Kappzaum, dem energischen Rückwärtsrichten, oder der Nasenbremse ist in manchen Fällen nicht nur sinnvoll und ermöglicht die Ausführung der Arbeit, sondern die Anordnung von Zwangsmitteln als vorsorgliche Maßnahme ist für den Hufexperten sogar verpflichtend, um Schäden für die Gesundheit von dem Pferd und den Hilfspersonen abzuwenden.

Die Bedürfnisse des Pferdes als Patient

Fast jedes Pferd kennt den Tierarzt. Viele Besuche des Tierarztes sind Routine, manche erfolgen auf Grund von Erkrankungen und Verletzungen. Die Informationen über die Art und die Schwere der für den Hufexperten relevanten Erkrankungen und Verletzungen können wichtige Informationen für die Erstellung des Arbeitsplanes beinhalten. In vielen Fällen, und das mag der Beurteilung des Reiters obliegen, ist es sicherlich sinnvoll, schon beim Telefongespräch zur Terminvereinbarung den Hufexperten in dieser Richtung zu informieren und ihm die Möglichkeit zu geben sich mit dem behandelnden Tierarzt auszutauschen, damit diese Informationen angemessen in die Überlegungen zur Arbeitsplanung eingehen können.

Einrichtung des Arbeitsplatzes

Nun, da die erste Inspektion des Pferdes und seines Lebensraumes geschehen ist und der Hufexperte die Wünsche und Bedürfnisse des Pferdbesitzers kennt, richtet er sich seinen Arbeitsplatz ein. Der Arbeitsplatz muss ein von herumliegenden Gegenständen freier, ebener und möglichst überdachter Platz sein, mit einem rutschfesten und weichen Untergrund. Klassische Beschlagsräume sind mit einem Stirnholzboden ausgelegt, ein fest verlegter Gummiboden erfüllt diesen Dienst aber genauso. Es soll-

Hier ist das Werkzeug ordentlich verstaut, der Arbeitsplatz ermöglicht ein komfortables und genaues Arbeiten. Das Pferd ist sicher angebunden.

te eine feste Anbindemöglichkeit vorhanden sein, am besten ein in die Wand eingelassener Ring.

Vorbildliche Beschlagsplätze sind mit einem in der Höhe verstellbaren und versenkten Anbindering ausgestattet, sodass der Anbindpunkt immer in Widerristhöhe eingestellt werden kann. Sollte der Beschlagsplatz solche Möglichkeiten nicht haben, ist das Halten des Pferdes am Kopf durch einen Helfer immer die eleganteste Lösung.

Der Hufexperte richtet nun seine fahrbare Werkstatt ein, wobei er darauf achten muss, dass bei einer später folgenden Materialbearbeitung das Pferd nicht durch spritzende oder herumfliegende Materialien verletzt oder erschreckt wird. Das für die Arbeit am Pferd benötigte Handwerkszeug braucht auf der „Beschlagsbrücke" am Beschlagsplatz eine Ablagemöglichkeit, den so genannten „Beschlagsstuhl", um das Herumliegen des Werkzeuges zu verhindern.

Viele Hufexperten sind bei der Toleranz der ihnen zugemuteten Arbeitsplätze sehr großzügig. Manchmal ist die-

Gute Arbeit am Huf

Der Hufexperte kommt

So manches Pferd muss im Stand leider miserabel beurteilt werden, aber ...

se Akzeptanz sogar falsch, denn so mancher Arbeitsplatz schließt gute Arbeit aus. Das Herablassen eines Beines auf den Kiesboden bringt dem Experten keine Erkenntnis. Ein gefährlicher, heruntergefallener Nagel wird im Sandboden kaum wieder zu finden sein. Und der Hufexperte, der im knöcheltiefen Schlamm arbeitet, denkt wohl eher darüber nach, wann er endlich fertig ist, als über die Erstellung einer optimalen Arbeit. Ein guter Hufexperte soll und muss deshalb so manche Zumutung hinsichtlich des Arbeitsplatzes ablehnen – nicht, um sich nicht schmutzig zu machen, sondern um fachgerechte Arbeit abliefern zu können. Er wird dem Pferdebesitzer klar machen, dass er unter diesen Umständen keine vernünftige Arbeit an den Hufen ausführen kann, und ihn bitten, bis zum neuen Termin Abhilfe zu schaffen. Ganz davon abgesehen, ist die Arbeit an Pferdehufen sowieso schon eine körperlich sehr anstrengende Arbeit und nicht gerade rückenfreundlich für den Ausübenden. Da wäre es nur anständig, wenn Sie als Pferdehalter dem geplagten Menschen wenigstens einen angenehmen Arbeitsplatz und vielleicht auch mal ein Glas Wasser oder im Winter einen Kaffee zwischendurch anbieten!

Die Arbeit beginnt

Und zwar immer mit Laufen!

Sollte Ihr Hufexperte, nachdem er sein Werkzeug sortiert hat, das Pferdchen auf den Beschlagsplatz stellen, um eventuell vorhandene Beschläge zu entfernen und dann mit der Arbeit des Ausschneidens zu beginnen, dann haben sie einen rechten Murkser an Ihr Pferd gelassen!

Wenn auch die Huforthopäden der DHG und die Hufpfleger nach Strasser die Gangwerksbeurteilung aus der Symmetrie und den vorgefundenen Verhältnissen des Hufes ableiten, so müssen doch alle Hufexperten vor Beginn der Arbeit das Pferd im Trab und Schritt in der Bewegung sehen, um festzustellen, ob das Pferd keine Bewegungsstörungen zeigt. Neben dem Greifen, dem Streichen und dem schwankenden Gang sowie eventueller Hahnentrittigkeit ist natürlich die Lahmheit die gravierendste Bewegungsstörung, um deren Ausschluss es zumindest bei dieser Vorführung gehen muss.

Die ausgiebige Besichtigung des Pferdes in Bewegung ist notwendig, um den Ist-Zustand zur erkennen und daraus den Arbeitsplan zu entwickeln, der zum Soll-Zustand führt.

Gewissenhafte Hufexperten beurteilen das Pferd zuerst im Stand. Dabei beschränken sie ihre Inspektion nicht nur auf die Beine und Hufe, sondern nehmen das Pferd ganzheitlich wahr, informieren den Besitzer über Auffälligkeiten und eventuelle nicht bemerkte frische Verletzungen, Schwellungen oder Rötungen und melden den gewonnenen Eindruck über den Gesamtzustand des Pferdes an den Besitzer zurück. Vor Abnahme der alten Beschläge lassen die gewissenhaften Hufexperten das Pferd nun vortraben, um einen Eindruck zu bekommen. Erst dann werden die alten Beschläge abgenommen und angesehen, dann muss der Pferdebesitzer leider nochmals mit seinem (nun unbeschlagenen) Pferd laufen. Nur in Ausnahmen beschränkt sich die Vorführung auf das Traben und den Schritt mit dem alten Beschlag, und zwar dann, wenn die Hufe in einem so schlechten Zustand sind, dass ein unbeschlagenes Laufen nicht anzuraten ist (stark ausgebrochene Wände, bröckelndes Horn oder Ähnliches).

Zum Vorführen des Pferdes kann der Hufexperte nur in seltenen Fällen seinen mitgebrachten Assistenten beauftragen, sondern muss den Pferdebesitzer mit dieser Aufgabe betrauen. Sehr oft geschieht das Vorführen in einer Form, die höchstens Alibi-Funktion hat, aber bestimmt nicht zum Sammeln der nötigen Informationen dient. Der Hufexperte muss dem Reiter oder Pferdebesitzer im Zweifelsfalle zeigen können, wie das Pferd zur Gangwerksbeurteilung richtig vorgeführt werden muss. Eine Rücksichtnahme auf die schlechte Kondition des Pferdebesitzers freut den das Laufen nicht gewohnten Pferdebesitzer nur kurzfristig, nutzt ihm selbst schlussendlich nicht und schadet dem Pferd.

... in der Bewegung ist es dann oft vollkommen harmonisch! Manchmal heben sich die Verstellungen und Verdrehungen der Gliedmaßen gegenseitig auf.

Der Hufexperte kommt

Dieses Vorführen wirkt zwar professionell, aber nur auf den ersten Blick! Der Standpunkt des Betrachters seitlich vom Pferd ermöglicht ihm keine genauen Rückschlüsse auf den Bewegungsablauf. Der Vorführer hält das Pferd viel zu kurz am Kopf und behindert damit seine freie Bewegung. Foto: P. Prohn

Gleiches gilt für die Vorführbahn. Ein wirklicher Hufexperte wird eventuell auf das Vortraben des Pferdes auf verschiedenen Untergründen bestehen. Wenn auch das geübte Auge des Hufexperten sehr schnell viele Informationen über die verschiedenen Komponenten der Bewegung aufnehmen kann, so ergibt sich oft ein vielleicht nur intuitiv gespürter Verdacht, der eventuell auf einer anderen Oberfläche beim Vorführen offensichtlich wird.

Der Hufexperte muss die Beurteilung im Stand und in der Bewegung so intensiv betreiben, bis alle Informationen gesichert sind und jede Spekulation aus-

gesichert sind und jede Spekulation ausgeschlossen werden kann. Der Pferdebesitzer hat das Recht, vom Hufexperten detailliert über die gewonnenen Erkenntnisse informiert zu werden.

Der Arbeitsplan entsteht

Aus den nun vollständig gesammelten Informationen aus der

- Beurteilung des Lebensraumes des Pferdes
- Beurteilung des Interieurs des Pferdes
- Auswertung aller vom Pferdebesitzer gegebenen Informationen bezüglich Reitnutzung, geplanter Vorhaben und anderem mehr
- Informationen zur Krankheitsgeschichte
- Beurteilung des gesamten Pferdes im Stand
- speziellen Beurteilung der Hufe
- Beurteilung des Gangwerks im Stand
- Beurteilung des Pferdes und des Gangwerks in der Bewegung

wird der Hufexperte einen Arbeitsplan entwickeln und muss den Pferdebesit-

Hier steht der Betrachter korrekt frontal zum Pferd. Das Vorführen am losen Strick ist richtig. Wäre jetzt noch der Untergrund so schön eben wie auf dem vorigen Bild, wäre alles ideal.

Der Hufexperte kommt

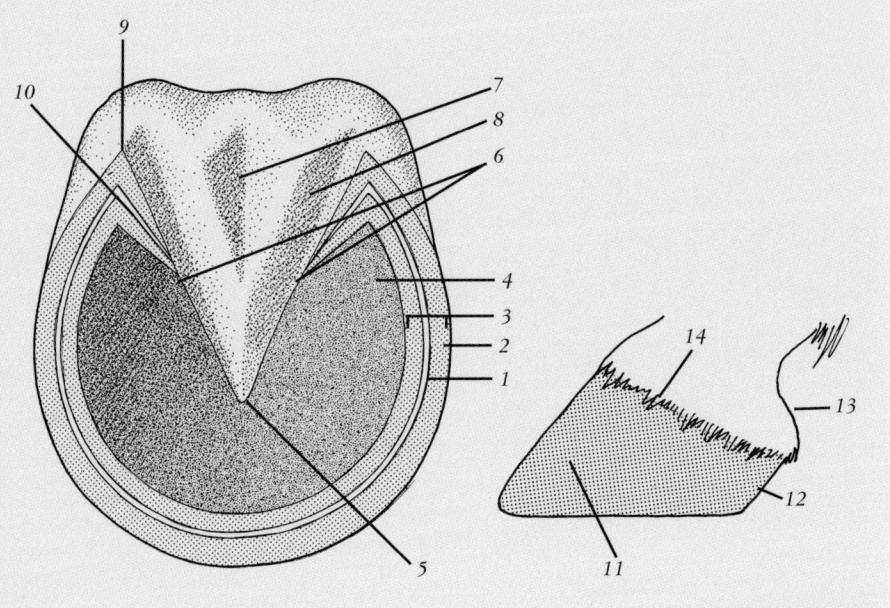

1. Weiße Linie
2. Hornwand
3. Tragrand
4. Sohlenkörper
5. Strahlspitze
6. Äußere Strahlfurche
7. Mittlere Strahlfurche
8. Strahlkörper
9. Trachtenende
10. Eckstreben
11. Zehenwand
12. Trachtenwand
13. Ballen
14. Hufkrone

zer im Vorfeld der Arbeit über seine geplanten Maßnahmen informieren.

In vielen Fällen geschieht dies nicht, weil es entweder den Besitzer dieses Pferdes nicht interessiert, oder aber weil der Hufexperte schlicht keinen Plan im Kopf hat, oder, was leider auch vorkommt, zwar einen hat, aber nicht sicher ist, ob er ihn auch so umsetzen kann und deshalb im Vorfeld lieber nicht darüber redet.

Mit oder ohne Hilfsperson?

Da der Arbeitsplan nicht nur die Bearbeitung des Hufes und die eventuell geplanten Maßnahmen des Beschlages, Beklebens, oder die Anpassung der Hufschuhe beinhaltet, muss der Hufexperte nun auch entscheiden und informieren, wer als Hilfsperson für die Hufbearbei-

tung gebraucht wird. Das Arbeiten alleine, ohne Aufhalter, ist zwar ein großer Gewinn an Bequemlichkeit für den Pferdebesitzer, entbindet ihn aber nicht von seiner nötigen Anwesenheitspflicht. Sicherlich ist es in Pensionsställen üblich, dass das Stallpersonal oder ein Bereiter diese Aufgabe übernimmt. Sehr wichtig ist nur, dass diese Person eine dem Pferd bekannte und gut gelittene sein muss.

Ist der Pferdebesitzer selbst nicht anwesend, muss die ihn vertretende Person berechtigt sein, den geplanten Maßnahmen des Hufexperten zuzustimmen, auch wenn dieser vielleicht eine völlig andere Hufschutzform als die gewohnte als ideal empfiehlt.

Das häufig zu beobachtende Arbeiten des Hufexperten völlig alleine mit dem Pferd ist aus Gründen der Sicherheit und des Arbeitsschutzes unverantwortlich!

Das Abnehmen der alten Beschläge

3

Das Abnehmen der auf dem Huf befindlichen Beschläge oder der geklebten Hufschuhe darf den Huf in keiner Weise schädigen. Bei unsachgemäßer Arbeit kann es dazu kommen, dass Hornteile ausbrechen, eventuell ganze Hornwände geschädigt werden, dass es zu Verletzungen der Hornsohle kommt oder Quetschungen im Sohlenbereich entstehen. Auch können abgebrochene Nagelteile in der Hornwand unbemerkt zurückbleiben oder alte Nägel können herunterfallen und zur Verletzung des Pferdes führen. Bei unsachgemäßer Arbeit kann es sogar zu Bänderdehnungen oder anderen Verletzungen im Huf oder Fesselgelenk kommen.

Beim Entfernen von geklebten Hufschuhen kann es ebenso zu Hornverlusten, teils in großem Umfang, kommen, wenn unsachgemäß gearbeitet wird.

Sind Sie überrascht, welche schlimmen Ursachen alleine bei der Abnahme des Hufschutzes entstehen können?

Bei fachmännischer Arbeit des Hufexperten und vorausgegangener guter Beurteilung wird der Experte in den allermeisten Fällen eventuell auftretende Probleme schon vermuten und die geeigneten Maßnahmen treffen, zumindest den Pferdebesitzer schon vorher über die drohenden Schwierigkeiten informieren. Wenn die Gefahr des Hornausbruches bei der Abnahme eines Beschlages besteht, so erkennt der Hufexperte das in der Regel vorher. Er kann Sie informieren und Ihnen Möglichkeiten nennen, damit dies in Zukunft nicht

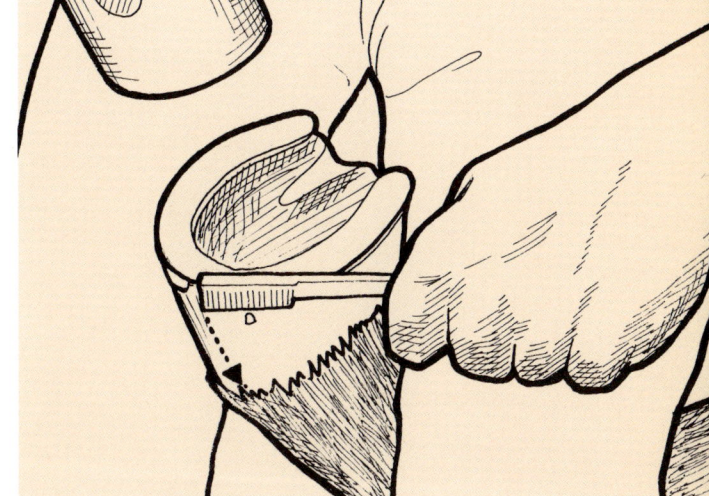

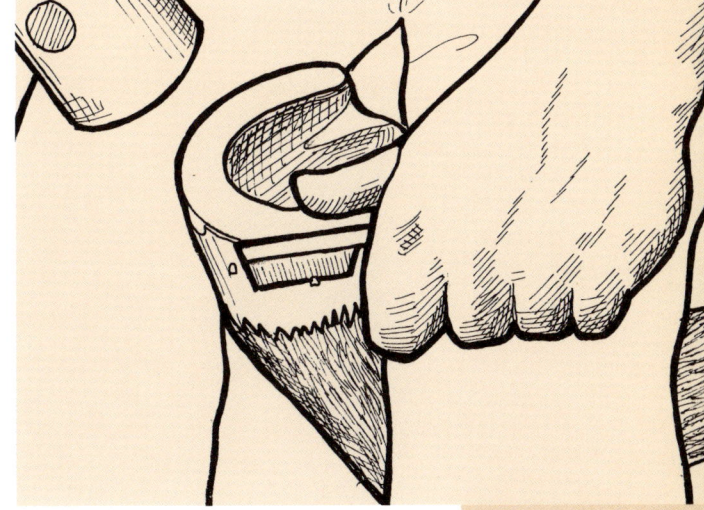

oben falsch – unten richtig. Der aufgelegte Daumen verhindert das Abgleiten des Werkzeuges beim Öffnen der Nieten.

Das Abnehmen der alten Beschläge

Korrektes Abnehmen eines alten Eisens mit der Zange.
1. Der Huf ist mit der Hand fixiert.
2. Die Zange ist geschlossen.
3. Der Hebel geht nach vorne/innen.

mehr passiert. Nur so wissen Sie, dass der Hufexperte nicht fehlerhaft oder fahrlässig gearbeitet hat.

Richtig arbeitet der Hufexperte, der die Nieten ganz öffnet und dabei sehr gewissenhaft arbeitet, um ein Abrutschen der Nietklinge in Richtung Hufkrone zu verhindern.

Das Öffnen der Niete mit der Nietklinge kann schwere Verletzungen der Hufkrone hervorrufen. Dies resultiert aus fahrlässigem Verhalten des Hufexperten.

In den meisten Fällen wird der Beschlag entfernt, indem zuerst die Nägel gelockert werden und danach mit der Eisenabnehmzange der starre Beschlag von hinten nach vorne immer weiter angehoben und gelockert wird. Eine unter dem Beschlag nicht vollständig geschlossene Zange kann die Sohle oder den Tragrand beschädigen und sollte nicht toleriert werden. Wird bei den Hebelbewegungen zum Lockern der Eisen nur leicht nach außen gearbeitet, führt dieses zum Ausbrechen von Hornwandteilen, genauso, als wären Nieten nicht geöffnet.

Beim Arbeiten mit der Abnehmzange muss der Huf sehr gut fixiert werden um eine Schädigung der Sehnen, Bänder und Gelenke zu verhindern.

Beim abgenommenen Beschlag ist genau zu prüfen, ob die alten Nägel in der vollen Länge aus der Hufwand gezogen werden konnten. Abgebrochene und in der Wand verbliebene Nagelreste können neu eingeschlagene Nägel ablenken und eine Vernagelung provozieren oder selbst in die Richtung der Wandlederhaut geschoben werden und Druck verursachen.

Nach dem Öffnen der Nieten wird, vor allem zur Abnahme der flexiblen Beschläge, der Beschlag mit einem Keil angehoben und die Nägel werden einzeln gezogen. Auch hier ist die Vollständigkeit der Nägel gut zu überprüfen. Dieses Verfahren ist vor allem bei Voll- und Flachhufen zur Vorbeugung von Verletzungen vorgeschrieben.

Leider sind viele Hufexperten in einigen sicherheitsrelevanten Gegebenheiten sehr nachlässig: die Nietklinge vieler Hufexperten ist sehr oft mit einem so genannten Meißelbart versehen. Hieraus folgt direkte Unfallgefahr für den Hufexperten selber, umstehende Menschen und vor allem für das Pferd durch umherfliegende Metallteile.

Richtig:
- Die Nieten werden ganz geöffnet.
- Der Hufexperte rutscht mit seiner Nietklinge niemals in Richtung Kronrand ab.
- Entweder werden die Nägel nun einzeln gezogen oder
- das Eisen wird mit der unter dem Eisen ganz geschlossenen Abnehmzange von hinten nach vorn abgehebelt.
- Die Zange wird nur nach innen in Richtung Strahl bewegt.

Hier wird der Huf nicht richtig fixiert und beim Abnehmen verdreht. Die Kratzspuren an der Hornwand zeigen, dass beim Ansetzen der Zange schlampig gearbeitet und das Hufhorn verletzt wurde. Die Zange war nicht korrekt geschlossen.

Gute Arbeit am Huf

Das Abnehmen der alten Beschläge

Beim Bearbeiten dieses völlig vernachlässigten Hufes kamen Reste alter Nägel zum Vorschein.

- Der Pferdehuf ist gut fixiert.
- Anschließende Kontrolle, ob alle Nägel vollständig entfernt wurden.

Falsch:
- Die Nieten werden nicht ganz geöffnet.
- Der Murkser rutscht mit seiner Nietklinge in Richtung Kronrand ab.
- Beim Abnehmen mit der Zange hebelt der Murkser von innen nach außen oder ruckelt planlos hin und her und schließt die Zange nicht.
- Der Pferdehuf ist nicht fixiert und wird durch die Hebelbewegungen hin und her gezogen oder verdreht.
- Der alte Beschlag fliegt achtlos weg, es erfolgt keine Kontrolle, ob alle Nägel vollständig entfernt wurden.

Die Bearbeitung der Hufe

Keine Arbeit nach Schema F!

Es ist wenig sinnvoll, darüber zu schreiben, wie die Winkelung des Hufes nach der Bearbeitung aussehen soll oder welche Stellung der Gliedmaße zu erreichen ist, da nur die genaue Beurteilung in der Bewegung und die Besichtigung der Hufe und der Gliedmaße im Stand vor Ort hier Auskunft geben können. Ihr Hufexperte ist nur dann ein Experte, wenn er weiß, was er tut und warum er es tut. Die Zubereitung des Hufes, egal ob zum Barfußlaufen oder zum anschließenden Beschlag, ist der schwierigste Teil des

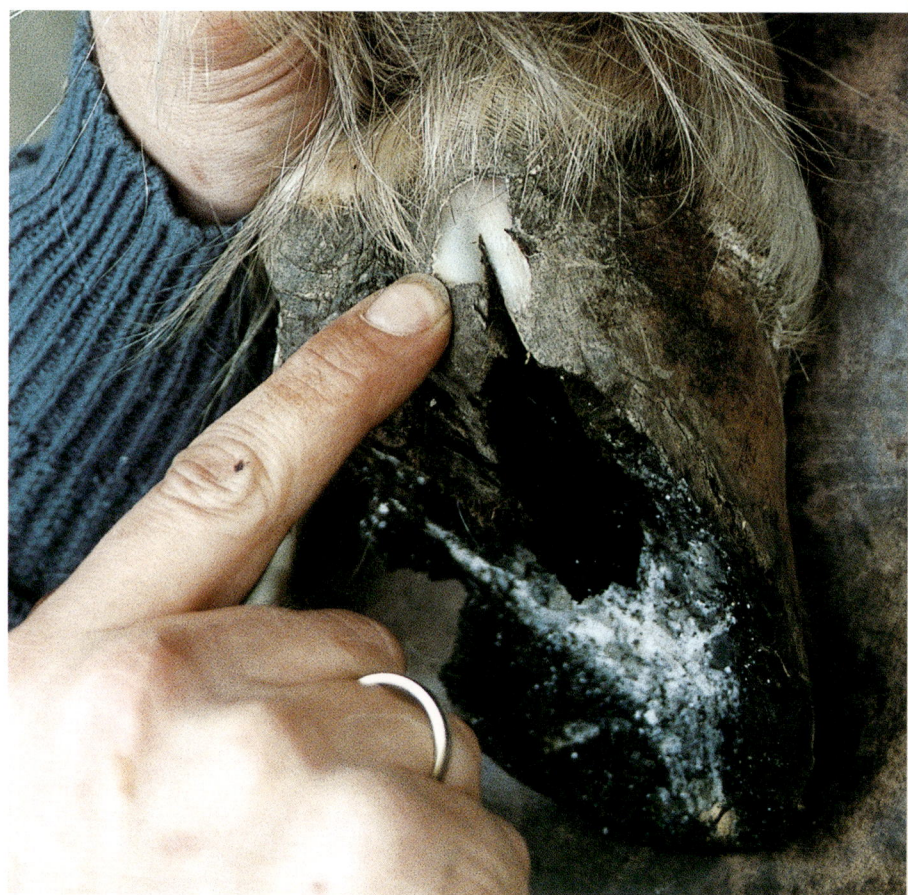

Der so genannte Probeschnitt zeigt dem Hufexperten, an welcher Stelle das Horn von Strahl und Hornkapsel zusammenhängt. Die Trachtenecke muss so weit geöffnet werden, dass sich kein Schmutz darin festsetzen kann.

Gute Arbeit am Huf

Die Bearbeitung der Hufe

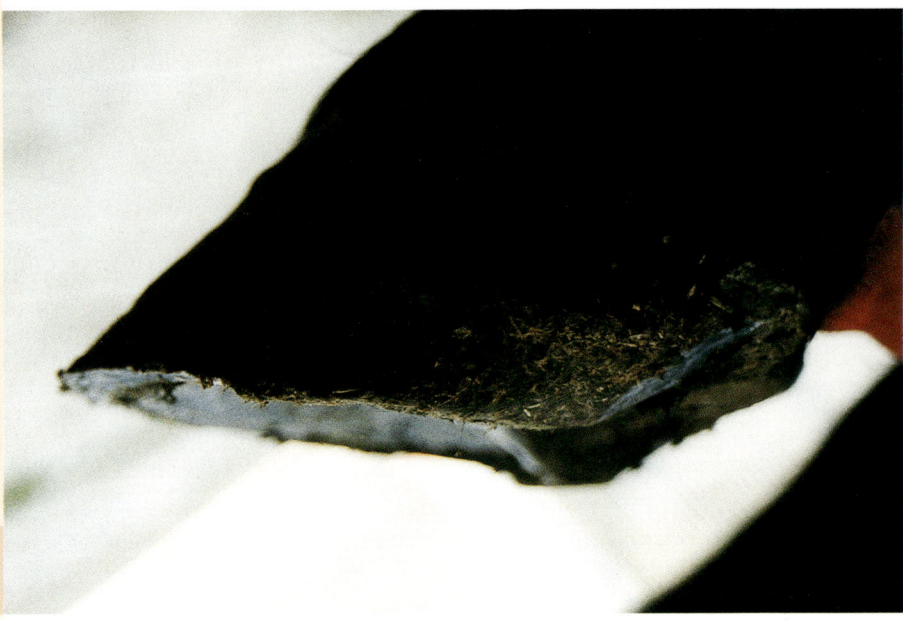

Dieser Tragrand ist uneben.

gesamten Arbeitsvorganges und eventuell gemachte Fehler zeigen sich oft erst viele Wochen, Monate oder gar Jahre später. Fragen sie Ihren Hufexperten: warum machen Sie das so und nicht anders? Was haben Sie überlegt, und warum haben Sie sich so entschieden?

Gibt er Ihnen eine plausible Antwort, die Sie verstehen und nachvollziehen können, oder gibt er Ihnen eine ausweichende Antwort und Sie haben das Gefühl, mit der Frage einen Fehler gemacht zu haben, oder sagt er Ihnen gar, das habe man immer so gemacht?

Sie sollten immer das Gefühl haben, dass das Tun des Hufexperten das Ergebnis eines Denkprozesses ist, aber anders als im Sprichwort gilt für den Hufexperten: Reden ist Silber, nur die Arbeit ist Gold! Hufexperten, die alles wissen und anschaulich informieren, aber es handwerklich nicht umsetzen können, sind genauso fehl auf dem Beschlagsplatz Ihres Hofes wie die, welche (wenn auch handfeste) null-acht-fünfzehn-Arbeit abliefern und nicht auf die individuelle Situation eingehen. Sicherlich ist für Sie als Pferdebesitzer zunächst interessant zu wissen, welche Fehler in der Hufbearbeitung es in jedem Fall zu vermeiden gilt.

Nicht die Menge macht's!

Auch wenn zur Verbesserung des Gangwerks des Pferdes nur geringe Korrekturmaßnahmen am Huf von Nöten wären, so entfernen manche Hufexperten Horn, als glaubten sie, nach Kilogramm entfernten Horns bezahlt zu werden. Für das Beschneiden der Hufe gilt im Besonderen: Nur so viel Horn entfernen wie nötig, aber nicht so viel wie möglich.

Die Sohle des Hufes vor allem beim unbeschlagen laufenden Pferd muss geschont werden – es soll und darf nur das lose Verfallshorn entfernt werden. Weitere Schnitzereien der Sohle sind tabu!

Der Strahl muss nicht auf eine ästhetisch geformte saubere und glatte W-Form zurückgeschnitten werden. In vielen Fällen ist das Entfernen von Zipfeln, fäulnisverdächtigen Taschen oder weghängenden Stücken ausreichend.

Hufbearbeitung zum Beschlagen oder Barfußgehen – was ist anders?

Entgegen so mancher Gerüchte ist die Bearbeitung des Pferdehufes, der unbeschlagen laufen soll, keine Geheimwissenschaft, die den traditionell ausgebildeten Hufschmieden über Jahrhunderte hinweg verschlossen blieb. Die sorgfältige und individuelle Bearbeitung des Hufes ist ein wesentlicher Teil der Hufschmiedeausbildung! In alten Lehrbüchern für Hufschmiede nimmt dieser Teil nicht unerheblichen Raum ein. Wenn es Schmiede gibt, die einen unbeschlagenen Huf einfach schlecht bearbeiten, dann liegt das nicht an ihrer Berufsbezeichnung, sondern daran, dass sie schlicht schlechte Schmiede sind.

In nachstehender Tabelle habe ich versucht, einen Überblick zu geben, worauf es beim Ausschneiden für verschiedene Zwecke und Zielsetzungen ankommt. Sie erkennen daraus gut, dass nichts an der gesamten Hufarbeit so ein-

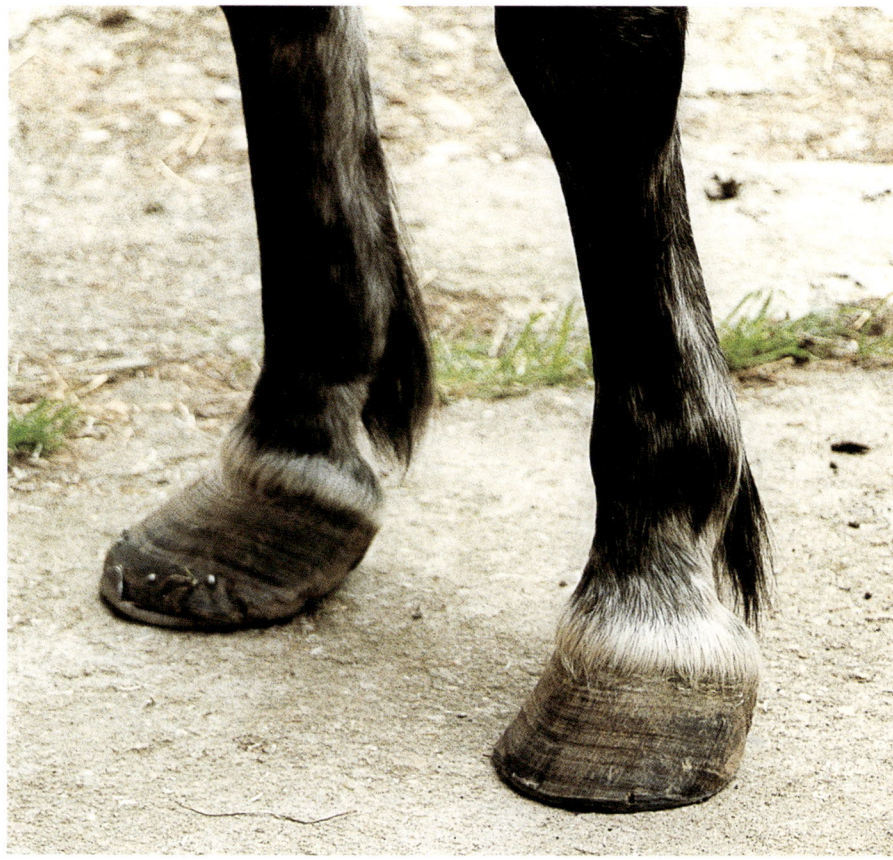

Auch nach dem Bearbeiten passt dieser gnadenlos vernachlässigte Huf noch immer nicht zum Fesselstand – der Winkel ist nach wie vor zu spitz.

Die Bearbeitung der Hufe

	Kürzen des Hufes	Beschneiden der Sohle	Strahl	Tragrandbreite	Berunden
Fall 1 Zur Umstellung auf Barfuß	So wenig wie möglich! Nur sprödes Althorn muss weg	Nur Verfallshorn entfernen, sonst schonen	Taschen, Zipfel, Überhänge abschneiden	So breit wie möglich, denn je schmaler der Tragrand, desto größer die Reibungsabnutzung	Zehe bei guter Hornqualität, an den Seitenwänden nur Kanten brechen; bei schlechter Hornqualität bis an die weiße Linie, um Ausbrechen zu verhindern.
Fall 2 Zum immer barfuß laufen	Gar nicht oder minimal	Meist gar nicht, wenn nötig, dann Sohlenbereich und äußere Strahlfurche	Von Pferd zu Pferd verschieden, manchmal Zurückschneiden nötig	Ist in der Regel breit	Wenn nötig, nur in der Zehe, Seitenwände möglichst scharfkantig machen
Fall 3 Beim ungerittenen Pferd	Ja, da das Hornwachstum viel größer als der Abrieb war	In der Regel ja, aber nur so weit, dass die schwarz gefärbten Haarrisse des Sohlenhorns sichtbar bleiben	Oft Gefahr des Verkümmerns, dann schonen und nur zerstörte Bereiche beschneiden, sonst auf W-Form zurückschneiden.	Reduzieren auf Wandstärke + Sohle + weiße Linie in Breite der Wand - eventuell stärkerer Abrieb	Zehe an den Vorderhufen berunden, ansonsten Wände eher scharfkantig machen mit gebrochener Kante
Fall 4 Vor dem Beschlagen mit starrem Beschlag	Ja, das in der Beschlagsperiode nachgewachsene Horn. Wenn zu stark gekürzt wurde, geht das Pferd nach dem Beschlag klamm.	Bruchlinien müssen sichtbar bleiben (wie 3)	Auf W-Form zurückschneiden. Viele beschneiden den Strahl zu stark!	Genauso breit wie der Beschlag	Nein
Fall 5 Zum Beschlag mit Kunststoff	Weniger als beim starren Beschlag	Verfallshorn entfernen, Sohlenkörper muss glatt sein, ohne Kanten	Wie 4	Muss breiter sein als beim starren Beschlag	Nein
Fall 6 Fohlen	Zum Teil stark, da Fohlenhufe meist schnell wachsen. Oft radikales Rückschneiden der Trachten notwendig	Verfallshorn entfernen. Bei engen Hufen (Tragrandzwang) Sohle stark kürzen.	Meist nur sehr wenig	Recht schmal, falls das Fohlen richtig gehalten wird (Wiese mäßig eindrückbar)	Ja - stärkeres Kürzen der äußeren Hornwand fördert das Weiterwerden des Hufes

Eckstreben	Korrektur
Bis auf Sohlenniveau zurückschneiden, da der Huf sich weiten soll und wird	Altersabhängig, bei Pferden über fünf Jahren Normalstand herstellen, dann so wenig Hornabnahme wie möglich
Ein wenig über Sohlenniveau stehen lassen; nur kürzen, wenn Gefahr des Umkippens besteht.	Wie 1
Auf Sohlenniveau zurückschneiden	Wie 1
Schonen, dürfen leicht auf der Sohle bleiben, aber nicht über dem Niveau der Beschlagskante liegen	Wie 1
Deutlich zurückschneiden bis auf Sohlenniveau, da hervorstehende Eckstreben hier zu Druck führen	Wie 1
Verlaufen anders als beim erwachsenen Pferd (um die Strahlspitze herum und miteinander verbunden), nicht zu stark schwächen, aber Umkippen und Einrollen verhindern	Radikal, da Fehlstellungen beim Fohlen oft extrem sind. Wenn schneiden nicht reicht, Klebeschuhe anbringen.

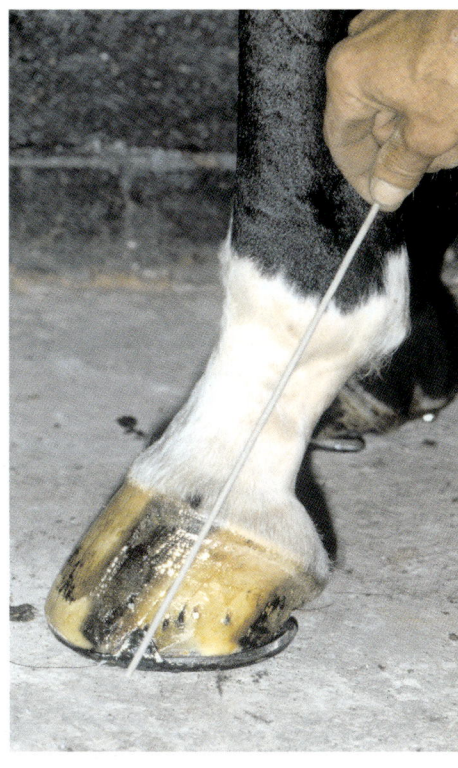

Hier passt der Huf zum Fesselstand – die Linien von Fesselbein und Zehenwand verlaufen parallel. Foto: P. Prohn.

fach und über einen Kamm zu scheren ist, wie es manche „Experten" gerne tun!

Grobe Fehler beim Ausschneiden

Egal, welche der möglichen Zielsetzungen Ihr jeweiliger Experte gerade mit seiner Arbeit verfolgt, diese Fehler sollten ihm nie passieren:

• Der Tragrand des Hufes ist nach der Bearbeitung uneben.
• An Sohle und Strahl sind grobe Schnitzkanten entstanden.
• Der Huf passt nach der Bearbeitung nicht zum Fesselstand.
• Stellungskorrekturen werden zu radikal und plötzlich durchgeführt.

Die Bearbeitung der Hufe

Kürzen des Hufes mit dem Cutter.

Welches Werkzeug?

Die Art des Werkzeugs, welches der Hufexperte verwendet, ist nebensächlich. Wichtig ist nur der gekonnte Umgang damit. Wenn einer mit einer Hauklinge umgehen kann, kann er auch damit millimetergenau arbeiten. Andererseits kann man auch mit einer „harmlosen" Raspel grobe und nicht mehr zu korrigierende Fehler begehen.

Am Umgang mit dem Werkzeug können Sie schon sehen, ob Ihr Experte handwerklich geübt ist und eine sichere und ruhige Hand hat. So sprechen ungleichmäßige Striche mit einer womöglich auch noch verkantet am Huf angesetzten Raspel wirklich nicht für einen Könner des Faches!

Bei manchen Huferkrankungen oder orthopädischen Besonderheiten ist die Auswahl des Werkzeuges allerdings von vornherein eingeschränkt:

Wenn Flach-, Voll- oder Rehehufe mit der Hauklinge oder zum Beispiel dem elektrischen Huffräser bearbeitet werden, ist das grob fahrlässig und unverzeihlich. Die Verletzungsgefahr für das Pferd ist viel zu groß! Auch bei sehr unruhigen und zappeligen Pferden macht es mehr Sinn, zur Raspel zu greifen als zur Hauklinge oder gar zum Fräser.

Im Sommer sind die Hufe der Pferde in der Regel ausgesprochen ausgetrocknet und damit sehr hart. Die Bearbeitung solcher Hufe ist nicht nur anstrengend, sondern auch ungenau. Dem Hufexperten fehlt das Gefühl für die Dicke der Sohle, Hornteile können abbrechen. Der mitdenkende Hufexperte wird schon bei der Terminvereinbarung den Pferdehalter daran erinnern, entweder am Abend vor dem Termin die Hufe an der Sohlenfläche mit feuchtem Lehm einzuschlagen oder die Hufe ein bis zwei Stunden vor der Ankunft des Hufexperten in einer Kernseifenlösung zu baden. Diese Maßnahmen machen das Hufhorn weicher und damit leichter und genauer zu bearbeiten.

Zeige mir dein Werkzeug, und ich sage dir ...

Der Hufexperte muss alle Werkzeuge mit sich führen, die er benötigt, um seine Arbeiten professionell erledigen zu können.

Dass der Hufexperte, der nur den Barhuf bearbeitet, sicherlich mit weniger Arbeitsgerät zurecht kommt und der Hufexperte, der alle Möglichkeiten des Hufschutzes realisieren kann, neben einer ungeheuer umfangreichen Werkstattausstattung zusätzlich noch sehr viel Material in Form verschiedenster Beschläge und Schuhe in sieben bis acht verschiedenen Größen für vorne und dasselbe noch einmal für die Hinterhufe mitführen muss, ist einsichtig. Weniger einsichtig ist zuweilen die Preispolitik der Hufexperten. Am Rande sei mir die Bemerkung erlaubt, dass es sicherlich nicht nachvollziehbar ist, wenn ein Hufschmied, der die Hufe eines Pferdes für das Barhuflaufen richtet, eine Rechnung von 35 bis 50 DM schreibt und der Hufpfleger für die prinzipiell gleiche Leistung 50 bis 85 DM in Rechnung stellt. Der Hufschmied, der ein kostenintensives Lager unterhalten muss, der einen teuren Werkstattwagen und eine umfangreiche Fahrzeugeinrichtung hat, muss (für jeden einsichtig) seine Leistung deutlich unter Wert verkaufen, oder aber der Hufpfleger verlangt einen Wucherpreis! Um das Geheimnis zu lösen: Die Preisgestaltung des Hufschmiedes ist in der Regel sehr verkehrt; die Hufschmiede müssen und werden in den nächsten Jahren deutliche Preiskorrekturen vornehmen müssen!

Der Hufexperte, der seine „Werkstatt" im Kofferraum unterzubringen weiß, oder der Hufexperte, dessen selbst gebaute Hilfswerkzeuge deutlich nach Heimwerker und Bastlerarbeit aussehen, signalisiert, in erster Linie Pferdefreund und nur hintergründig Handwerker zu sein.

Für nahezu alle Arbeiten am Huf und vor allem alle Maßnahmen rund um den Beschlag sind geschickte Handwerker nötig. Wie schon anfangs erwähnt, ist der Nachweis dieser Fähigkeit über eine bestandene Prüfung weniger wichtig als die Fähigkeit an sich. Der Mensch, der in der Lage ist, alle Beschlagsarbeiten gut auszuführen, hat ein scharfes Auge und wird auch bei seiner Werkzeugausstattung eine gewisse Perfektion walten lassen.

Der Zustand und die Aufbewahrung des Werkzeuges lassen auch Rückschlüsse auf die „Arbeitsmoral" des Betreffenden und auf seinen Anspruch nach Genauigkeit zu. Mit stumpfen Messern oder Hauklingen mit Scharten kann niemand genau arbeiten. Ein Könner hält sein Werkzeug stets gepflegt und in gu-

Die Bearbeitung der Hufe

Wenn das Pferd sorgsam daran gewöhnt wurde, kann auch mit einem Huffräser sehr genau gearbeitet werden.

Hier wird mit Hauklinge und Gummihammer gekürzt.

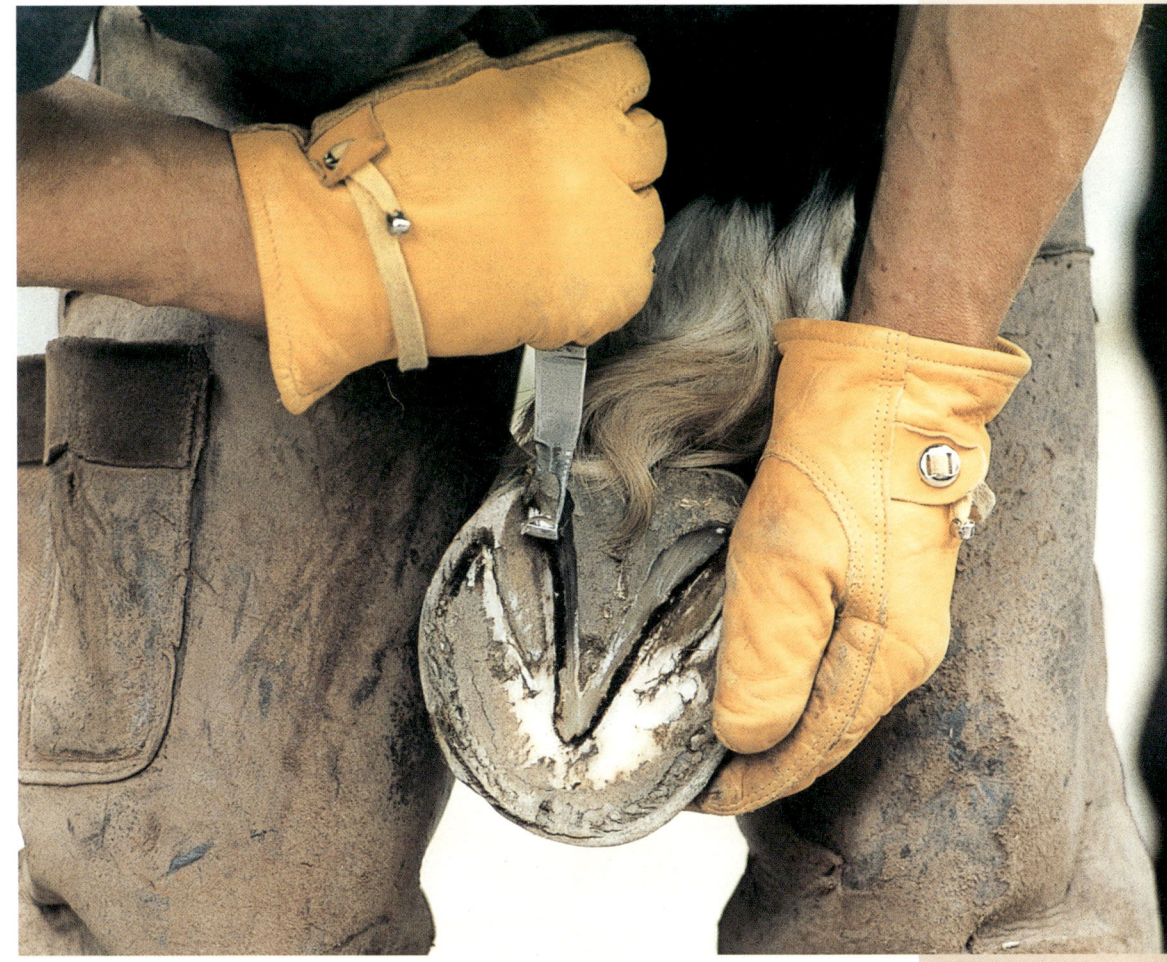

ter Ordnung. Chaos-Werkzeugkisten finden Sie bei ihm nicht!

Alle Hufexperten, die Pferde mit einem Hufschutz versehen wollen, brauchen eine gut sortierte Werkzeugausstattung.

Nicht nur zur sauberen und professionellen Anpassung und Anbringung der verschieden Hufschutzmaterialien ist diese Ausrüstung nötig, auch zur Gesunderhaltung der Hufexperten selbst aus arbeitsmedizinischer Sicht ist es mehr als anzuraten. Es gab nicht nur einen Hufexperten, der anfangs hervorragend arbeitete und mit dem Maß der schwindenden Gesundheit zuerst vermeidbare Bewegungen, später auch vermeintlich nicht so wichtige Arbeitsgänge vermied, weil die Einrichtung der Arbeit aus Sicht der Gesunderhaltung zu spärlich ausfiel.

Auch der Hufpfleger, welcher nur Hufe beraspelt und Hufschuhe anpasst und verkauft, braucht eine Werkbank, einen Heißluftföhn und anderes mehr.

Der Hufpfleger oder Huftechniker, der mit Kunststoffplatten beschlägt, der Öllövs oder Nail Shoes verarbeitet, der Hufschuhe anschnallt und verklebt, der braucht sicherlich auch einen Amboss,

Kann Ihr Hufexperte geschickt mit dem Messer umgehen?

Die Bearbeitung der Hufe

Ein Schmied muss eine umfangreiche Werkstattausrüstung mit sich führen, um alle anfallenden Arbeiten erledigen zu können. Vorbildlich vom Standpunkt der Arbeitssicherheit ist hier auch die Schutzbekleidung des Schmiedes.

eine Werkbank, eine komplette Werkstatteinrichtung. Mit großer Verwunderung habe ich häufig beobachtet, wie sehr improvisiert sich diese Hufexperten quälen, zum Beispiel den in der Form an der Biegevorrichtung angepassten Stahlkern des Klebeschuhes ohne Amboss eben zu richten.

Jede Arbeit, die wegen unzureichender Ausrüstung scheitert, ist genauso verwerflich wie die aus Unfähigkeit und Unkenntnis schlechte Beschlagsarbeit!

Ordnung am Arbeitsplatz

Sind Sie über dieses Qualitätsmerkmal entsetzt? Der Hufexperte, der sein Handwerkzeug auf dem Boden um das Pferd verteilt, der seine Materialien falsch platziert, handelt grob fahrlässig und riskiert die Gesundheit aller anwesenden Personen und des Pferdes.

Immer und zu jeder Zeit könnte sich ein Pferd erschrecken; herumliegendes

Werkzeug kann direkt zur Gefährdung werden, wenn jemand stürzt; bei schnellen Ausweichbewegungen können herumliegende Werkzeuge schnell zu Geschossen werden.

Ordnung dient ebenso dem Werterhalt wie der Funktionserhaltung des Werkzeuges und ist signifikant für die benötigte Akribie für alle Arbeiten ums Pferd.

Vertrauen ist gut, Kontrolle ist besser

Ein wesentlicher Bestandteil der Bearbeitung des Hufes ist die Kontrolle. Eine präzise Überprüfung geschieht durch den Blick über die Trachten in Richtung Zehe. Das geübte Auge erkennt nun, ob die Fläche eben ist oder ob es noch aufstehende Buckel oder Mulden gibt. Das Ergebnis einer jeden Bearbeitung muss eine völlig ebene Tragrandfläche sein. Auch die Hufexperten, die den Tragrand nicht bearbeiten, sondern nur die Stärke und Dicke der Hornwände verändern,

So planlos herumliegendes Werkzeug kann zur Gefahr werden.

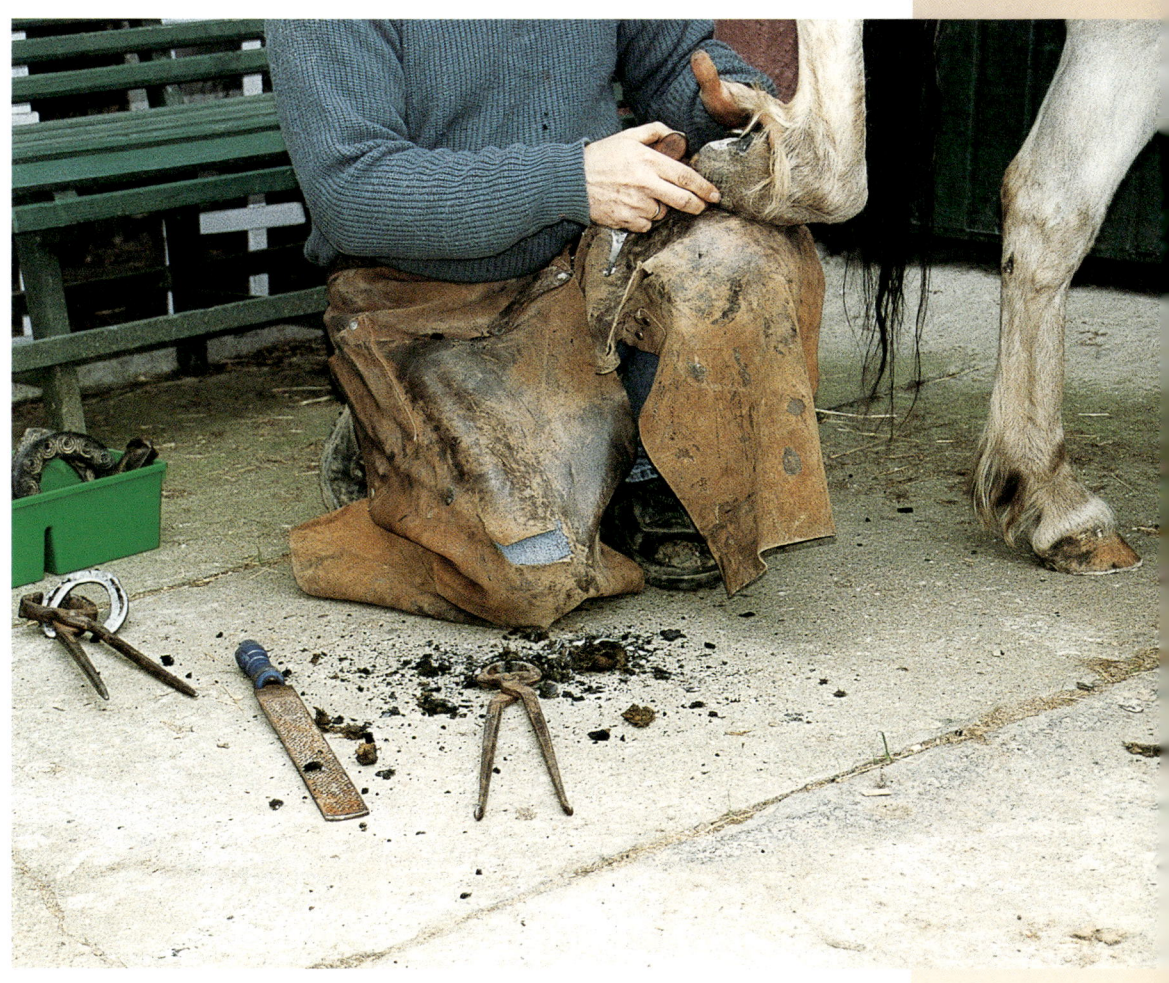

Gute Arbeit am Huf

Die Bearbeitung der Hufe

Der Tragrand muss nach der Bearbeitung völlig eben sein. Ob dies geglückt ist, zeigt nur ein Kontrollblick.

dürfen sich keinesfalls auf die Ebenheit der Fläche verlassen. Der Ungeübte nutzt zur Überprüfung entweder ein Hufeisen oder den hufeisenförmigen Unterteil des Hufwinkelmessers. Lassen sie sich doch einmal von Ihrem Hufexperten einweisen! Die zweite Form der Überprüfung der bislang geleisteten Arbeit geschieht durch das Tretenlassen der Gliedmaße. Nur auf idealem Untergrund gibt diese Form der Überprüfung ein sinnvolles Ergebnis. Vergegenwärtigen Sie sich noch einmal, dass die Bearbeitung der Hufe wirkliche Präzisionsarbeit ist und eine Fehlbearbeitung von nur einem Millimeter spätestens bei der Kontrolle in der Bewegung offensichtliche Unterschiede erkennbar werden lässt.

Nichts ist schwerer, als ein nach der Beurteilung in allen Teilen als perfekt beschriebenes Pferd in der Nachkontrolle immer noch so vorzufinden.

Wenn korrigierbare Verhältnisse am Huf vorgefunden werden, sieht der Beschlagsplan vielleicht eine gewisse Maßnahme vor: Werden nur 80 Prozent dieses Vorhabens umgesetzt, so ist die Richtung zwar in Ordnung, aber faktisch ist eben 20 Prozent zu wenig gemacht worden. Bei einem perfekten Pferd wäre dieses Arbeitsergebnis indiskutabel und würde als schlechte Arbeit auffallen.

In vielen Fällen ist verbessern einfacher als erhalten!

Irren ist menschlich, aber ...

Wer arbeitet, kann Fehler machen: Sollte es Ihrem Hufexperten einmal passieren, dass er dem Pferd eine Verletzung im Bereich des Hufes zugefügt hat, mit dem Messer in den Strahl geschnitten oder den Huf des Pferdes zu stark gekürzt hat, so ist das äußerst ärgerlich. Wenn Ihr Hufexperte Sie aber auf einen solchen Fehler aufmerksam macht, Ihnen die geeigneten Gegenmaßnahmen empfiehlt und Ihnen eine Haftungsübernahme zusichert, so ist das eines wirklichen Hufexperten würdig!

Wenngleich es bei den Hufpflegern nach Frau Strasser billigend in Kauf ge-

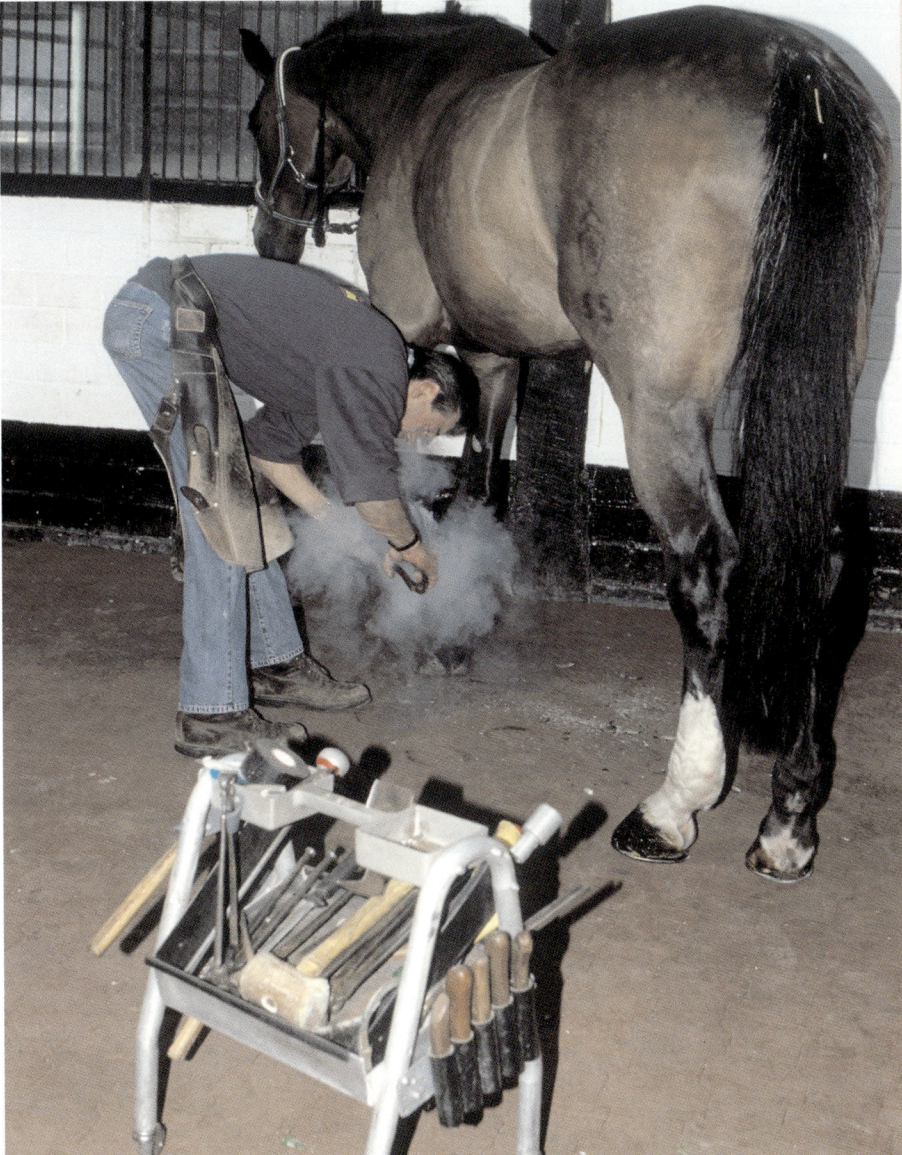

Hier ist das Werkzeug ordentlich untergebracht, nichts liegt herum.
Foto: P. Prohn

Gute Arbeit am Huf 43

Die Bearbeitung der Hufe

nommen wird, dass ein Pferd in der Umstellungsphase vom Eisenbeschlag auf das unbeschlagene Laufen bis zu acht Monaten Schwierigkeiten haben kann und es in dieser Zeit zwangsläufig auch zu Hufabszessen und Lahmheiten kommen wird, so bin ich der Auffassung, dass der Hufexperte durchgängig dem Tierschutzgesetz verpflichtet ist, nach dem er ohne vernünftigem Grund keinem Tier Schmerzen zufügen darf. Das Pferd soll durch die Bearbeitung des Hufexperten besser laufen können oder zumindest nicht schlechter als vor dem Zeitpunkt der Bearbeitung. Die Entscheidung darüber liegt letzten Endes bei Ihnen als Pferdebesitzer. Besonders, wenn eine Umstellung auf dauerhaftes Barfußlaufen angeboten wird, lassen Sie sich vorher umfassend von Ihrem Hufexperten über die geplante Arbeit und die eventuellen Konsequenzen aufklären, damit Sie hinterher nicht sagen müssen: „Ach, hätte ich das bloß gewusst …"

Das Wichtigste auf einen Blick

Richtig

- Der Meister kann erklären, was und warum er es tut.
- Er kontrolliert zwischendurch das Ergebnis seiner Arbeit.
- Er entfernt von Sohle und Strahl nur das lose oder faulige Horn.
- Der Tragrand des Hufes ist nach der Bearbeitung völlig eben.
- Die Eckstreben werden nicht geschwächt.
- Stellungskorrekturen werden behutsam und allmählich durchgeführt.
- Der Huf passt am Ende zum Fesselstand – falls nicht, hat der Meister dafür eine gute Begründung.
- Der Meister arbeitet mit professionellem Werkzeug, das gut in Schuss ist.
- Er geht souverän mit dem Werkzeug um.
- Am Arbeitsplatz herrscht Ordnung.

Falsch

- Der Murkser arbeitet aufs Geratewohl.
- Er glaubt, eine Überprüfung seiner Arbeit nicht nötig zu haben.
- Er entfernt große Hornmengen von Sohle und Strahl.
- Der Tragrand des Hufes ist nach der Bearbeitung uneben und bucklig.
- Die Eckstreben werden zu stark gekürzt.
- Es werden zu starke Stellungskorrekturen auf einmal durchgeführt.
- Der Huf passt am Ende nicht zum Fesselstand.
- Der Murkser bastelt mit Heimwerker-Ausrüstung.
- Es fehlt offensichtlich an handwerklichem Geschick – das Messer rutscht ab, die Raspel wird nicht glatt geführt.
- Alle Werkzeuge liegen ums Pferd herum verstreut

Die Beschlagsarbeit

5

Inzwischen sind die Hufe Ihres Pferdes (hoffentlich) optimal bearbeitet. Ob Ihr Pferd nun mit Eisen oder einem alternativen Hufschutz ausgerüstet wird, sollten sie zusammen mit Ihrem Hufexperten bereits entschieden haben.

Damit fängt alles an: Die Auswahl des Hufschutzes

Es gibt „Hufexperten", für die sich diese Frage nicht stellt. Die einen verarbeiten nur Hufeisen, die anderen möchten jedes Pferd unbeschlagen laufen lassen, die nächsten denken nur über die Variante unbeschlagen oder Kunststoffbeschlag nach.

Dies sind keine wirklichen Hufexperten!

All das sind Dogmatiker, die nicht imstande sind, Ihr Pferd ideal zu versorgen. Sie haben eine Überzeugung, und diese Meinung ist betoniert und wird nicht mehr hinterfragt. Neue Erkenntnisse werden ignoriert und sie verweigern sich neuen Erfahrungen

Der Hufexperte, den sich jeder Pferdefreund wünscht, ist der, welcher den Markt kennt, der offen für eigene neue Erfahrungen ist und der nicht immer alles selber können muss, der aber sehr wohl informiert ist, was für ein Pferd das Richtige ist.

Beispiel: Ein Hufschmied beurteilt ein Pferd und kommt unter Einbeziehung aller Umstände zum Ergebnis, dass ein geklebter Hufschutz ideal wäre. Er hat (noch) keine Erfahrung im Umgang mit geklebtem Hufschutz und vermittelt nun das Pferd zur Beklebung an einen Huftechniker!

Noch ein Beispiel: Der Huftechniker erkennt durch seine Beurteilung, dass ein Eisenbeschlag ideal ist; er informiert einen Hufschmied und es wird ein Termin für den Eisenbeschlag gefunden.

Hüten Sie sich vor „Experten", die den einen oder anderen Beschlag als den einzig richtigen und allein selig machenden für alle Pferde und alle Situationen erklären. Den idealen Hufschutz für alle gibt es nicht!

Fragen Sie Ihren Hufexperten doch mal, ob nicht ein anderer Hufschutz besser für Ihr Pferd sein könnte. In vielen Fällen wird sich herausstellen, dass die Wahl des richtigen Hufschutzes für Ihr Pferd in Verlaufe eines Jahres mehrfach anders ausfallen könnte.

Und sicherlich wird es auch Phasen des unbeschlagenen Laufens für Ihr Pferd geben. Wenn Sie und Ihr Pferd das ganze Jahr hindurch optimal beraten und versorgt sein wollen, fordern Sie Ihren Hufexperten!

Die Beschlagsarbeit

Kunststoffbeschläge setzen sich mehr und mehr durch, sind aber nicht für alle Pferde geeignet.

Mein Schmied beschlägt nicht mit Kunststoff!

Bevor Sie ihn vom Hof jagen, fragen Sie ihn zuerst einmal freundlich nach seiner Begründung. Eventuell ist er der Meinung, dass Kunststoffbeschlag für Ihr Pferd nicht ideal ist, weil er auf Grund der Beurteilung des Pferdes und der reiterlichen Nutzung zu diesem Schluss gekommen ist. Sehr weite Hufformen, Hufe mit bröckeligem Wandhorn, sehr flache Hufe und Pferde mit unregelmäßiger Fußung (zum Beispiel Drehen) sind keine idealen Kunststoff-Kandidaten.

Sollte die Begründung jedoch schlicht lauten, Eisen seien für jedes Pferd das Beste und der ganze neumodische Kram tauge nichts, dann sehen Sie sich wirklich besser nach einem anderen Experten um. Oft ist die Scheu der Hufschmiede vor Alternativen zum Eisen auch in der Furcht begründet, der Pferdebesitzer werde ihn haftbar machen, wenn dieser Beschlag (mit dem der Schmied vielleicht nicht so viel Erfahrung hat) nicht hält. Theoretisch kann der Pferdebesitzer das nämlich – nachzulesen im Kapitel „Haftung und Gewährleistung" ab Seite 75. Kein Schmied will sich auch gerne nachsagen lassen, dass seine Beschläge nicht halten. Sprechen Sie Ihren Schmied doch einfach einmal direkt darauf an und bieten ihm an, vor Ausführung der von Ihnen gewünschten Arbeit einen Haftungsausschluss zu unterzeichnen, in dem Sie zusichern, ihn nicht haftbar zu machen, wenn der Beschlag nicht hält oder sich anderweitig nicht als ideal für dieses Pferd erweist. Viele Schmiede sind dann durchaus bereit, auch einmal Neues zu probieren.

Die Ausführung der Arbeit

Einer der Grundsätze des Hufbeschlages lautet, dass jeder Beschlag von der Zehe bis an die weiteste Stelle nach der weißen Linie gelegt werden muss, sich ab der weitesten Stelle nach den speziellen Anforderungen des Hufes beziehungsweise der Stellung der Gliedmaße richten muss.

In vielen Fällen verstoßen die Hufexperten aber vor allem gegen die Forderung nach der Formung des Beschlages nach der weißen Linie, da hier teils bewusst, teils aus mangelnder handwerklicher Fähigkeit schlecht gearbeitet wird.

Beispiel: Ein weiter Huf besitzt in der Regel dickere Hornwände als der regelmäßige Huf. Wird das Fabrikhufeisen nun mit der Nagellinie nach der weißen Linie geformt, wie es richtig und vorgeschrieben ist, so wird in vielen Fällen das Horn der Zehen- und Seitenwand über den Rand des Hufeisens hinausreichen.

Die Hufexperten verfahren häufig folgendermaßen, um diesem Übel abzuhelfen:

• Das Eisen wird entweder zuerst aufgenagelt und das überstehende Horn wird danach mit der Raspel entfernt, oder
• das über das Eisen stehende Hufhorn wird vor dem Aufnageln auf dem Bock mit der Raspel entfernt und dann wird das Eisen aufgenagelt, oder

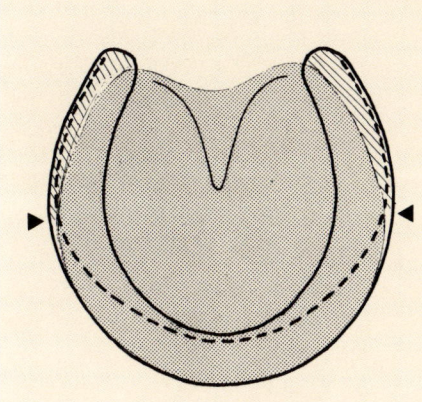

Die gestrichelte Linie deutet den Verlauf des Kronrandes an. Bis an die weiteste Stelle (Pfeile) ist das Hufeisen (oder ein anderer Beschlag) nach Verlauf der weißen Linie geformt, ab der weitesten Stelle nach dem Verlauf der Hufkrone.

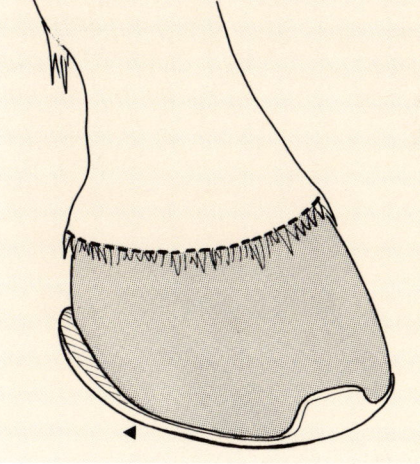

Alte Hufschmiede sagen: Bis zur weitesten Stelle sollte ein Pfennigstück auf das Eisen gerollt werden können.

• das Eisen wird nicht nach der weißen Linie gelegt und der Hufexperte nagelt alle Nägel außerhalb der weißen Linie in die Hornwand.

Keines dieser Verfahren ist akzeptabel! Bestellen Sie einen solchen Hufexperten beim nächsten Mal vielleicht nicht mehr.

Der Könner unter den Hufexperten ist schmiedetechnisch in der Lage, das Hufeisen so zu breiten, dass zum Aufnageln sowohl die Nägel als auch die Außenlinie des Hufeisens passend sind.

Gute Arbeit am Huf

Die Beschlagsarbeit

Bei Kunststoffbeschlägen muss der Nagelkopf etwas größer sein als gewöhnlich.

Der Hufschutz soll an den Huf angepasst werden und nicht umgekehrt!

Viele Hufexperten sind auch bei der Auswahl ihrer Materialien sehr ungestüm. Sie suchen ein Hufeisen, das dem Pferd passt, oder besser: das durch Verbiegen passend zu machen ist, ohne sich ausreichend Gedanken über die für Ihr Pferd passende Breite des Hufeisens und die richtige Dicke zu machen. Schon im Absatz Ausrüstung habe ich angesprochen, welch umfangreiches Sortiment von Materialien ein Hufexperte mit sich führen muss. Auch wenn er zu einem ihm bekannten Pferd zur Arbeit geht, kann der Hufexperte nicht unterstellen, dass die Beurteilung des Pferdes und der Gesamtsituation für den Beschlag zu demselben Ergebnis kommen wird wie beim letzten Male. Die Standardstärke für ein 400 bis 550 Kilogramm schweres Pferd beträgt meistens acht Millimeter. Es ein Trauerspiel mit anzusehen, wie ein zarter Araber sich – gestraft von seinem Hufexperten – mit 21 Millimeter breiten und zehn Millimeter dicken Hufeisen durch die Welt schleppen muss! Fragen Sie Ihren Hufexperten doch mal nach einem anderen Eisenprofil, einem anderen Eisengewicht oder vielleicht nach einem ganz anderen Hufschutz. Was wird Ihnen der Hufexperte wohl antworten? Wie schon an anderer Stelle erwähnt: Sie brauchen einen Hufexperten, der Ihnen nun eine für Sie nachvollziehbare Antwort geben kann, der das, was er tut, vernünftig begründet, aber nicht ausweicht und in Ruhe gelassen werden will oder trotzig meint, dass man das doch immer so gemacht hat!

Der Nagel: an ihm hängt einiges!

Er ist für den Halt des Beschlages verantwortlich und Quelle zahlreicher Fehler. Er kann für das betreffende Pferd falsch ausgewählt, zu hoch oder zu niedrig außen aus der Hornwand hervortreten, und vieles mehr.

Checkliste für die Auswahl des richtigen Nagels

Der Kopf
Der Hufnagel muss so gewählt sein, dass sein Kopf genau in den Falz des ausgewählten Hufschutzes passt. Bei Kunststoffbeschlägen darf der Kopf nicht zu klein sein, da sich der Nagel bei Belastung sonst durch den Kunststoff ziehen kann.

Ist die Kopfform des Nagels falsch ausgewählt, so wird der Beschlag sehr schnell locker, obwohl alle Nägel noch fest im Hufhorn sitzen. Das Eisen fängt an zu klappern und geht schlussendlich verloren.

Die Hufeisenhersteller empfehlen in der Regel einen zum Beschlag passenden Hufnagel. Bei der Bearbeitung des

Dieser Hufexperte legt den Huf beim Nageln auf einer Stütze ab. Erkennen Sie die deutliche Mulde im Tragrand? Nach dem Vernieten wird der Hohlraum zwischen Huf und Eisen nicht mehr zu sehen sein, da sich der Huf entsprechend verspannt. Resultat: Das Pferd geht nach dem Beschlagen klamm – das ist Murks!

Die Beschlagsarbeit

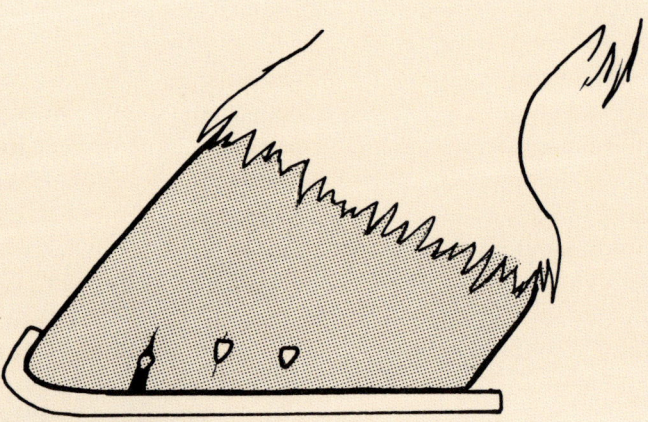

Auf beiden Bildern entstanden Risse im Hufhorn durch einen zu dicken Nagel.

Hufeisens, also zum Beispiel beim Breiterschmieden, Strecken oder Verformen kann aber auch die Form des Nagelkanals und die Form des Falzes zur Aufnahme des Nagelkopfes verformt werden. Der Hufexperte darf deshalb nicht vergessen, diese Hufeisenteile genau nachzuarbeiten und den Sitz der Nägel sowie deren Winkel vor dem Aufnageln zu prüfen!

Ich selbst konnte schon Hufexperten bei der Arbeit beobachten, die vergeblich einen Nagel in ein durch das Schmieden zusammengedrücktes Loch treiben wollten, es nicht gelang und sie dann eben den Nagel in das dahinterliegende führten. Die eingeschlagenen Nägel saßen teilweise nicht im Falz, sondern obenauf. So etwas darf Ihrem Hufexperten nicht passieren!

Stärke passend zum Beschlag
Außerdem muss der Nagel von seinem Querschnitt stark genug sein, um das Gewicht des ausgewählten Beschlages halten zu können - das heißt ein schwereres Eisen bedingt auch stärkere Nägel. Grundsätzlich sollen die Nägel so stark wie nötig, aber so schlank wie möglich ausgewählt werden.

Ist der Nagelquerschnitt zu klein gewählt, können die Nägel, insbesondere die Nieten, das Gewicht des Beschlages vor allem in der Beschleunigung des Beines nicht lange halten und der Beschlag geht verloren. Das Hufhorn bleibt bei dem Beschlagsverlust in den allermeisten Fällen unversehrt. In einigen

Fällen kann dieser Zustand durchaus gewollt sein, wenn der Hufexperte vielleicht mit dem Abtreten des Beschlages rechnet oder diese Möglichkeit besteht, er aber eine Beschädigung des Hornes unbedingt verhindern will. Wenn das so ist, wird Sie der Hufexperte sicherlich zuvor darüber informieren.

Stärke passend zum Huf

Schließlich muss auch der Querschnitt des Nagels (also dessen Breite und Dicke) zur Breite der weißen Linie beziehungsweise zur Dicke der Hornwand passen.

Ist der Nagelquerschnitt zu groß für den Huf, so ist das in der Regel zu erkennen, wenn ober- und unterhalb der Nagelaustrittsstelle im Wandhorn deutliche Risse von zu Teil über einem Zentimeter Länge durch den Nagel verursacht werden. So angebrachte Beschläge schädigen das Hufhorn nachhaltig und auch hier ist manchmal eine erhöhte Gefahr des Beschlagsverlustes, allerdings dann mit gravierenden Hornverlusten, wahrscheinlich.

Ähnlich ist die Situation bei prinzipiell richtig ausgewählten Hufnägeln, aber einer sehr trockenen Hornqualität, wie sie im Hochsommer vorkommt. Auch hier entstehen die oben beschriebenen Risse. Der Hufexperte hat dies zu erkennen und muss einen kleineren Nagel wählen.

Alle Bedingungen müssen erfüllt sein!

Ein leider oft anzutreffender Fehler ist, dass bei der Auswahl oft nur zwei der drei Bedingungen an die Wahl des Nagels erfüllt werden.

Wenn man einem Araber mit der Hufeisengröße 1 (Werkmann oder Gloria), bei der das Eisen zehn Millimeter dick ist, einen Nagel der Größe VF 6 verpasst, dann stimmt die Wahl des Nagels sicherlich bestens zum Hufeisen, aber überhaupt nicht zu den kleinen, meist dünnwandigen Araberhufen. In diesem Fall ist der grundlegende Fehler die Auswahl des falschen Hufbeschlages, der den zu großen Nagel bedingt. Man kann für dieses Eisen und diesen Huf keine befriedigende Befestigungsmöglichkeit finden, die einzige Lösung wäre ein leichteres und dünneres Eisen, vielleicht ein aus dem Galopprennsport entlehntes Profileisen oder, wenn Nutzung des Pferdes und Bodenbeschaffenheit es erlauben, ein extrem leichter Aluminiumbeschlag. Vielleicht wäre hier auch Kunststoff denkbar?

Das Nageln

Hier wird dem Pferdebesitzer am ehesten angst und bange: Was, wenn der Experte mein Pferd vernagelt?

Unter „Vernageln" versteht man, dass der Nagel nicht ins gefühllose Horn, sondern in die durchblutete Huflederhaut trifft. Im Volksmund sagt man: „Der Nagel geht ins Leben". In der Regel zuckt das Pferd sofort zurück, aus dem Nagelkanal tritt meist Blut aus, sobald der Nagel gezogen wird. Das ist häufig nicht so dramatisch, wie es klingt, vorausgesetzt, die Vernagelung wird sofort bemerkt und es wird entsprechend verfahren.

Bei der sofort bemerkten direkten Vernagelung (wer sie nicht bemerkt, ist kein Experte) muss der Experte den Nagel ziehen, sich nach einer Tetanusimpfung des Pferdes erkundigen, die Einstichstelle desinfizieren und die Nagelstelle freilassen. Er muss den Pferde-

Die Beschlagsarbeit

Bei Verdacht auf Vernagelung werden die Nägel einzeln gezogen und geprüft

besitzer auf seinen Fehler aufmerksam machen und die Hinzuziehung eines Tierarztes empfehlen. Unterlässt er dies, handelt er grob fahrlässig.

Manchmal wird eine Vernagelung auch erst nach Tagen entdeckt, wenn sich im Hufinnern schon ein eitriger Abszess gebildet hat und das Pferd deutlich lahmt. Spätestens hier überlässt der Hufexperte das Pferd zur weiteren Behandlung dem Tierarzt!

Die Ursachen für eine Vernagelung können vielfältig sein – zum Beispiel wenn der Experte den Nagel falsch herum ansetzt, also mit der abgeschrägten Zwicke nach außen (ein wirklich grob fahrlässiger Kunstfehler, der nie passieren darf), wenn der Nagel (wie beschrieben) nicht zum Huf passt, der Hufnagel einen Fabrikationsfehler aufwies, das Pferd sehr dünne und steile Hufwände hat, der Huf zu sehr abgelaufen war oder sich das Pferd beim Aufnageln plötzlich erschreckt und heftig bewegt hat. Man sagt, der Schmied hat „auf dem Amboss vernagelt", wenn, wie oben beschrieben, die Winkelung des Nagelkanals im Eisen nicht mehr stimmt oder die Nagellöcher nicht exakt über der weißen Linie liegen.

Auch Reste alter Hufnägel, die noch unsichtbar in der Hornwand stecken geblieben sind, können den Nagel von seiner richtigen Richtung ablenken. Es ist also nicht immer unbedingt ein Zeichen von mangelndem Können oder von Murks, wenn Ihrem Hufexperten einmal eine Vernagelung passiert. Ein guter Experte erkennt aber oft schon im Voraus, wenn die Gefahr einer Vernagelung besteht (bei einem extrem nervösen Pferd oder den schon erwähnten zu kurzen oder dünnwandigen Hufen) und weist den Pferdebesitzer auf diese Gefahr hin. Möglicherweise muss er sogar den ursprünglich geplanten Beschlag ablehnen und eine Wartezeit oder eine andere Hufschutzform wie Kleben oder Hufschuhe empfehlen.

Neben der blutigen, direkten Vernagelung gibt es noch die „indirekte Vernagelung", bei der ein Nagel nicht direkt in die Lederhaut trifft, sondern diese nur drückt. Dieser Fehler wird in der Regel erst nach einigen Tagen entdeckt, wenn das Pferd geringfügig lahm geht. Mit der Hufuntersuchungszange drückt der Hufexperte den Huf vorsichtig ab und kann an der Reaktion des Pferdes meistens schon erkennen, welcher Nagel schmerzt. Auf jeden Fall muss aber der gesamte Beschlag abgenommen werden. Hierzu werden die Hufnägel einzeln gezogen, beginnend mit dem Nagel, der am wenigsten wahrscheinlich Ursache für die Lahmheit ist.

Die meisten Hufexperten halten sich die gezogenen Nägel an die temperaturempfindliche eigene Unterlippe, ob oder welcher Hufnagel wärmer ist als

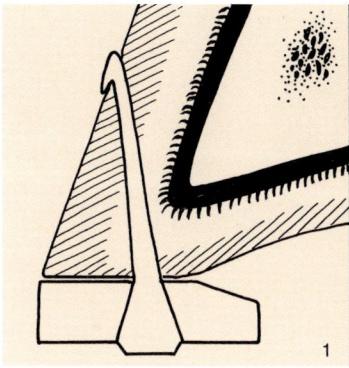 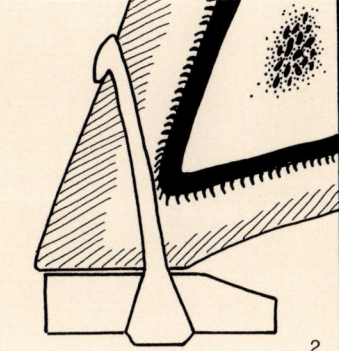 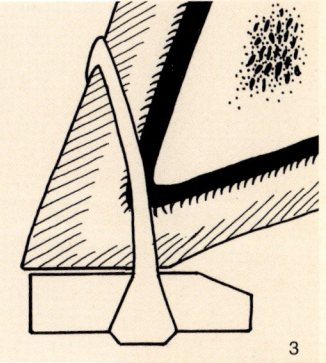

1. Richtiger Sitz des Hufnagels
2. Indirekt vernagelt
3. Direkt vernagelt

die anderen. Dies könnte bei der Lokalisation einer möglichen Entzündung helfen. Der Hufexperte legt einen provisorischen Hufverband an und überlässt die weitere Behandlung dem Tierarzt, dem er seine genauen Beobachtungen mitteilt.

Neben diesem offensichtlichsten aller Nagelfehler, der zum Glück gar nicht so häufig vorkommt, gibt es aber auch noch weitere, weniger spektakuläre Fehlerquellen:

Zu niedrig genagelt

Die Risse, die aus der Verwendung zu großer Hufnägel entstehen, können auch auftreten, wenn der Nagel zwar passt, aber zu niedrig genagelt wurde. Der Hufnagel wird vom Schaft hin zur Spitze immer dünner. Tritt der richtig gewählte Nagel nun aber zu früh aus der Wand, beansprucht er die Hornwand genauso wie ein zu großer Nagel, der richtig gesetzt ist, da er an seiner Austrittsstelle den Querschnitt eines größeren Nagels hat. Dies passiert dann, wenn der Beschlag entweder zu weit gelegt ist oder die Lochung nicht stimmt, sodass der Nagel nicht in die weiße Linie, sondern in die Hornwand angesetzt wird. Vielleicht ist der Hufexperte auch noch unerfahren und überängstlich (hat deshalb zu wenig beherzt auf den Nagel gehämmert oder den Nagel zu weit außen angesetzt) und sollte besser noch nicht eigenständig arbeiten.

So soll es sein

Die richtige Austrittshöhe für den Hufnagel liegt je nach Hufgröße zwischen zwei und drei Zentimetern (Abweichungen bei extrem großen Kaltbluthufen oder sehr kleinen Minishetty-Hufen verstehen sich von selbst). Beim richtigen Nagel, der in der richtigen Höhe gesetzt wurde, ist die heraustretende Spitze etwa 1,5 Zentimeter lang. Ist dieses Maß deutlich über- oder unterschritten, so hat in diesem Fall sicherlich irgendetwas ganz und gar nicht gepasst.

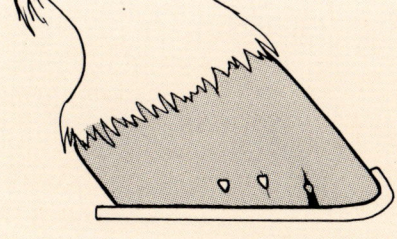

Zu niedrig genagelt, das Hufhorn bricht.

Die Beschlagsarbeit

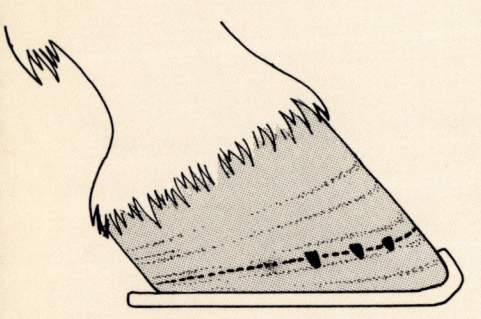

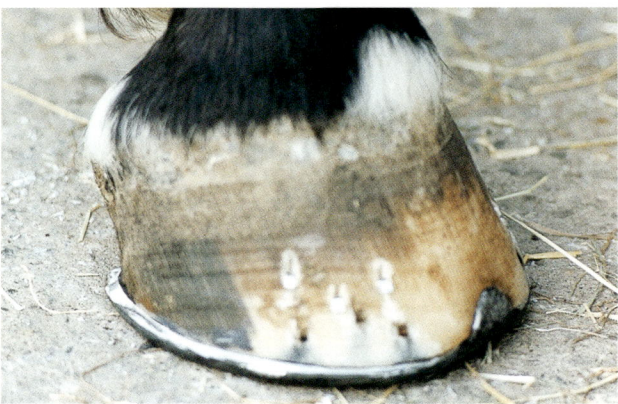

So soll es sein (rechts). Der Zehennagel ist am höchsten, der Trachtennagel ist der niedrigste. So bitte nicht (links)!

Ein guter Hufexperte wird den wirklich passenden Beschlag in der Weise aufnageln, dass alle Nägel in einer gleichmäßig abfallenden Linie aus der Hufwand austreten. Dabei ist in der Regel der erste Nagel (Zehennagel) der höchste und der letzte Nagel (Trachtennagel) der tiefste.

Beim ungeübten Hufexperten oder bei schlecht passenden Eisen kann es beim Nageln zu Problemen kommen. Falls der Trachtennagel am höchsten aus der Hufwand austritt, ist das nicht tolerabel! Der Hufexperte hat schlecht eingeschlagene Nägel zu entfernen und dann Reaktion und Verletzung des Pferdes genau zu prüfen.

Der letzte Nagel muss unbedingt vor der weitesten Stelle des Hufes sitzen, nur in der Huforthopädie gibt es einige Spezialbeschläge (zum Beispiel bei einer Hufbeinfissur), wo ein Nagel über die weiteste Stelle hinaus gesetzt wird.

Die Spitzen der Hufnägel sind sofort, sobald sie aus der Hufwand hervortreten, umzubiegen. Alles andere ist grob fahrlässig und eine große Verletzungsgefahr für alle Beteiligten! Wenn Sie selbst die Hufe Ihres Pferdes zum Beschlag aufhalten, sollten Sie (nicht nur aus diesem Grund) im Übrigen immer Lederhandschuhe tragen!

Die abgezwackten Spitzen der Hufnägel sind, falls sie nicht gleich mit der Hand aufgefangen werden, möglichst bald vollständig vom Boden aufzusammeln. Besonders clevere Schmiede haben zu diesem Zweck einen Magneten oder sogar einen speziell konstruierten „Magnetbesen" im Gepäck, um sich langwieriges Suchen zu ersparen!

Der letzte Nagel sitzt vor der weitesten Stelle.

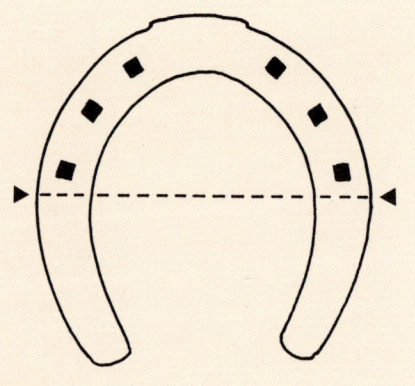

Wie viele Hufnägel?

Am einfachsten ließe sich sagen: so wenig wie möglich, aber so viele wie nötig. Nicht immer sind acht Nägel pro Huf wirklich nötig, in den meisten Fällen reichen sechs völlig aus! Die Schonung der Hufwand durch weniger Nägel nutzt Ihrem Pferd allerdings nicht, wenn der Beschlag deshalb vorzeitig verloren geht und vielleicht Wandausbrüche oder gar Lahmheiten zur Folge hat.

Gutes Beschlagen beginnt auf dem Amboss

Viele nicht verzeihliche Fehler passieren dem Hufexperten auf dem Amboss. Schlampigkeit, Eile, Unaufmerksamkeit oder schlichte Unfähigkeit führt zu oft dazu, dass ein Hufeisen verarbeitet wird, welches nicht eben und plan ist. Dass ein so bearbeitetes Hufeisen dem Pferd keine Freude macht, ist nachzuvollziehen. Dass es aber auch nicht lange am Huf verbleibt, liegt am so genannten Tellerfedereffekt. Das Hufeisen „schwingt" und wird sich lockern.

Wenn der „Hufexperte" in diesem Fall das Hufeisen bis zum Aufliegen an allen Stellen des Tragrandes aufbrennt, den Tragrand also im Maße des unebenen Eisens auch uneben macht, wird dieser Beschlag zu Druckstellen im Huf oder Abzessbildung führen.

Aufbrennen, nicht einbrennen!

Das warme Aufrichten des Hufeisens oder „Aufbrennen" hat niemals die Aufgabe, eine gute Auflage zu schaffen, also Defizite des ungenauen und unebenen Ausschneidens oder der mangelhaften Arbeit am Amboss zu kompensieren, sondern es dient lediglich der Kontrolle, wo die Nagellöcher sitzen, (sie müssen auf der weißen Linie liegen) und zur Überprüfung (nicht zur Schaffung!) der Ebenheit des Tragrandes. Im Zusammenhang mit der Arbeit des warmen Aufrichtens wird ebenfalls oft der Fehler gemacht, dass die Hufexperten

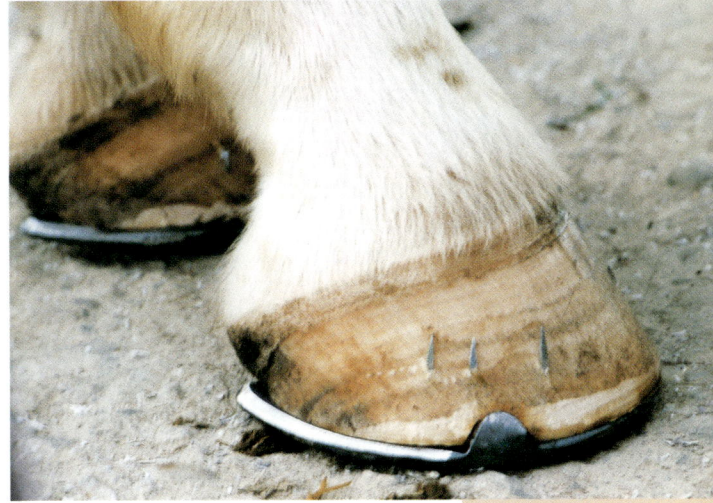

Die Spitzen der heraustretenden Nägel müssen sofort umgebogen werden – so also bitte nicht!

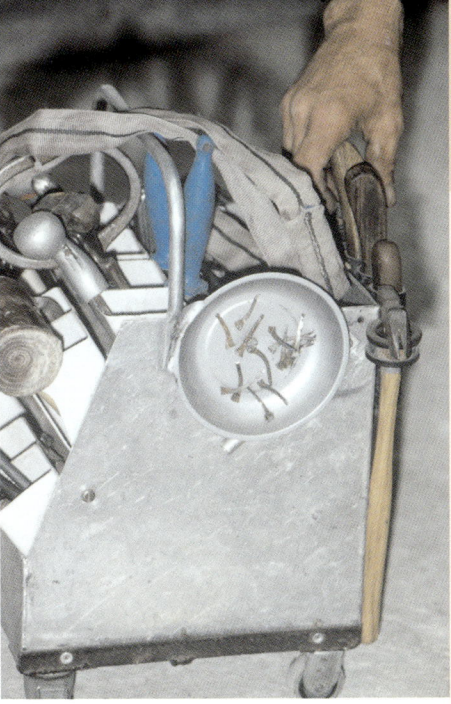

Eine solche Magnetscheibe hilft beim Aufsammeln aller Nagelreste. Foto: P. Prohn

Die Beschlagsarbeit

Gutes Beschlagen beginnt mit dem gekonnten Schmieden des Eisens.

den Tragrand vor Aufnageln des Eisens nicht erneut beraspeln und somit angekohlte Hornteile zu Druck im Tragrandbereich führen können.

Zu heißes und langes Aufbrennen des Eisens trocknet den Huf stark aus und kann zu Zusammenhangstrennungen (Der Huf wird zerstört, es bilden sich hohle und lose Wände) in der Hufwand führen.

Das Eisen darf keinesfalls mehr rot glühend sein, wenn es auf den Huf gedrückt wird! Das heiße Eisen soll das Horn nur leicht bräunen, sodass die Lage der Nagellöcher und eventuell hohl liegende Tragrandflächen sichtbar werden.

Kontrolle, immer wieder Kontrolle

Beim Aufnageln des Hufeisens geschehen sehr häufig Nachlässigkeiten, die Sie Ihrem Hufexperten nicht durchlassen sollten. Sinnvoll und durchgängige Lehrmeinung ist das Annageln des Hufeisens mit den beiden Zehennägeln, und ein Ablassen des Beines zur Überprüfung, ob es nicht zu einer fehlerhaften Auflage des Eisens gekommen ist und ob das Eisen im nun belasteten Zustande des Hufes in der Formgebung wirklich richtig passt.

Hufexperten, die auf diesen Kontrollblick verzichten, signalisieren entweder Überheblichkeit oder die Überschätzung ihrer eigenen Fähigkeiten.

Ganz mies: Weiten des Beschlages am Huf

Bei Hufexperten, die nun feststellen, dass ihr Hufeisen nun doch zu eng gelegt ist, habe ich schon viel Verwerfliches gesehen.

Beispiel: Nach dem Ablassen des Hufes erkennt der Hufexperte, dass der Beschlag (Eisen, Öllöv, Nail Shoe oder ein anderer) im Trachtenbereich zu eng liegt. Er nimmt eine amerikanische Hufeisenabnehm- und Weitzange (diese Zange hat im Außenbereich des Zangenmauls eine Riffelung) setzt die Zangen an den Innenflächen der Beschlagsenden an und biegt den Beschlag am Huf auseinander. Dieses Verfahren ist grob fahrlässig, aber leider immer wieder zu beobachten. Richtig wäre es in dieser Situation, die beiden schon eingeschlagenen Zehennägel wieder zu ziehen, das Eisen erneut heiß zu machen und passend zu schmieden. Diese lästige Arbeit scheint sich so mancher „Experte" sparen zu wollen – vielleicht meint er auch, sich eine Blöße zu geben, wenn er seine Arbeit nachbessert?

Auch nicht in Ordnung: Zehenkappen an den Huf hämmern

In diesem Zusammenhang hat sich bei vielen Hufexperten ein weiterer Fehler eingeschlichen: Es ist sehr oft zu beobachten, dass die Hufexperten nach Ablassen des Hufes zur Kontrolle oder nach fertigem Aufnageln die Zehenkappen mit dem Beschlagshammer an den Huf schlagen. Die Kappe sollte auf dem Amboss korrekt gerichtet worden sein, dieses nachträgliche Anschlagen führt bei regelmäßiger Wiederholung bei jedem Beschlag zur allmählichen Nekrose (allmähliche Zerstörung von Zellgewebe) im Bereich der Kappen. Nach sehr häufiger Wiederholung zeigt die weiße Linie von der Sohlenfläche betrachtet eine muldenförmige Ausbuchtung in Richtung Strahlspitze. Der Schaden ist irreversibel und durch pure Weglassung dieser dummen Gewohnheit zu verhindern. Vielleicht erinnern sie Ihren Hufexperten einmal daran!

Das Eisen soll weit und lang sein! Aber: Keine Regel ohne Ausnahme

Weiterhin ist immer noch viel zu oft die Tatsache zu beobachten, dass durch alle Gruppen der Hufexperten aufgebrachte Hufbeschläge zu eng und oftmals zu kurz ausgeführt werden.

Es wird immer wieder so dargestellt, als sei die Erkenntnis über die nachteilige Wirkung eines zu kurzen Beschlages aus neuester Zeit, dabei findet sich schon im Lehr- und Handbuch der Hufbeschlagskunst von J. F. Groß aus dem Jahr 1861 ein deutlicher Hinweis auf „die wohltuende Wirkung für die Ferse aus den lang gelegten Eisen".

Aber genau hier besteht auch ein Irrtum und weit verbreiteter Fehler. Die Hufexperten kennen die Forderung vieler Kunden nach sehr lang gelegter Eisen, sodass sie mit der Erfüllung oft übertreiben. So richtig dieser Wunsch nach lang gelegten Eisen bei flach gefesselten Pferden mit spitzen Hufen zur Unterstützung der Trachten ist, so falsch und hinderlich ist das gleiche Verfahren bei steil gefesselten Pferden mit stumpfen Hufformen.

Die Gefahr des Abtretens und damit verbunden des Ausbrechen des Hufhornes ist groß. Hufexperten, die einer Mode unreflektiert nacheifern und in ihrer Arbeit erkennen lassen, dass sie die Begründung nicht verstanden haben und die Auswirkungen nicht kennen, sind keine Zier des Handwerks. Genau wie die, die den besten Argumenten widerstehen, ihre Eisen kurz halten, damit sie

Das Aufbrennen darf nur kurz sein und dient lediglich zur Kontrolle, nicht zum Ebenbrennen des Hufes!

Die Beschlagsarbeit

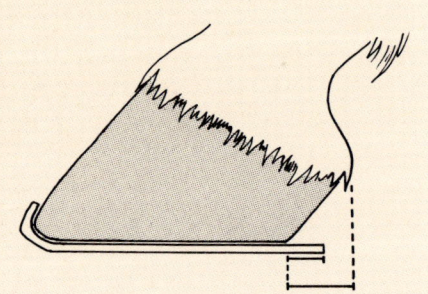

Beim „normalen Huf" ist das richtige Maß für die Zehenrichtung etwa die Hälfte der Eisenstärke. Die Länge des Eisens beträgt genau die Hälfte des Maßes von der Trachtenecke bis zum Lot, das vom Ballen auf die Erde gefällt wird.

sich nicht abtreten, und somit schlechter werdende Hufe fördern, keine Experten sind!

Für den regelmäßigen Huf gilt: Wenn Sie vom Ballen des Hufes ein Lot fällen, dann soll der Überstand des Hufeisens über die Trachte genau die Hälfte der Strecke Trachtenecke – Ballenlot sein.

In seiner Weite richtet sich das Eisen für den regelmäßigen Huf ab der weitesten Stelle des Hufes nach dem Kronrand, das heißt es steht in der Regel minimal über den Tragrand über. Wenn das Eisen im Bereich der Trachten genau mit dem Tragrand abschließt, ist es zu eng!

Besondere Hufformen und Gliedmaßenstellungen können ein anderes Vorgehen erfordern, zum Beispiel einseitiges Weiter- oder Engerlegen des Eisens, um Belastungen optimal zu verteilen oder eine Korrektur zu erreichen. Fragen Sie Ihren Hufexperten, sicher erklärt er Ihnen gerne, warum er das so macht.

Die Zehenrichtung

Auch hier ist vielen Reitern durch intensive Berichterstattung bekannt geworden, dass die Zehenrichtung ein wichtiges Element der Kunst des Hufbeschlages ist. Bei vielen Reitern ist der Eindruck entstanden, dass die Zehenrichtung umso besser ist, je stärker sie ausgeprägt ist.

Die Zehenrichtung ist ein Instrument, mit dem der Hufexperte den Bewegungsablauf der Gliedmaße steuern und beeinflussen kann. Weiterhin ist die Ausprägung dieser Zehenrichtung abhängig von Fesselstand und Hufwinkel: Sehr weich gefesselte Pferdbeine mit spitzen Hufen brauchen in der Regel eine sehr starke Zehenrichtung, die stumpfen Hufe mit steiler Fesselung bekommen eine geringere Zehenrichtung.

Als Anhaltspunkt bekommen die Hufeisen der regelmäßigen Vorderhufe mit einer regelmäßigen Fesselung eine Zehenrichtung von etwa 0,5 bis 0,75 mal der Materialstärke des Beschlags.

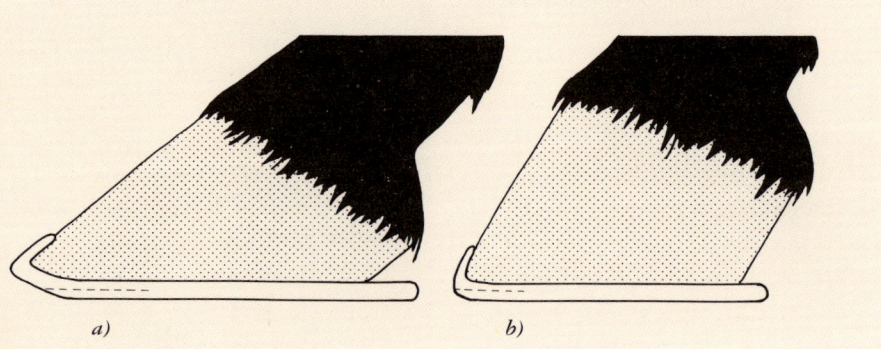

*a) Eine spitze, aber zum Fesselrand passende Hufform verlangt eine noch stärkere Zehenrichtung und ein noch etwas längeres Eisen.
b) Beim stumpfen Huf (der zum Fesselstand passt) ist die Zehenrichtung dagegen viel geringer und das Eisen kürzer.*

Auch hier können die allgemeine Beurteilung oder Erkenntnisse aus der Beobachtung des Gangwerks eine andere Forderung stellen. Ihr Hufexperte, wenn es nun einer ist, kann Sie informieren.

Sie haben eben richtig gelesen: Ganz bewusst habe ich die Vorderhufe erwähnt, denn die Hinterhufe des regelmäßigen Pferdes erhalten in der Regel einen Hufschutz ohne Zehenrichtung!

Das Vernieten

Die Spitzen der aus der Hornwand ausgetretenen Hufnägel werden, nachdem sie zuerst grob umgelegt und abgezwackt sind, in eine kleine, durch sogenanntes „Unterhauen" geschaffene Mulde in der Hornwand gelegt und festgezogen. Diesen Vorgang nennt man „Vernieten". Zwei Verfahren des Vernietens sind heute bei den Hufexperten üblich.

• Die klassische Methode, bei der der Nagel mit Hammer und Hufbeschlagszange angezogen und im Nietbett (der erwähnten Mulde) versenkt wird
• Der Clincher (Krokodilzange) ist die Alternative zu diesem Verfahren. Mit dieser Zange wird in einem Arbeitsgang mit einem Teil der Zange der Hufnagel unten gehalten um das Zurückweichen zu verhindern, während der andere Zangenteil den Nagel gleichzeitig anzieht und in das Nietbett legt.

Beide Verfahren des Vernietens sind bei ordnungsgemäßer Ausführung als gleichwertig zu beurteilen. Alte Huf-

1. Unterhauen (Nietmulden einhauen): Hier wird das Werkzeug falsch gehalten. Genau wie beim Öffnen der Nieten sollte der Daumen an die Hufwand angelegt werden, um ein Abrutschen in Richtung Kronenrand zu verhindern. Die Nägel sollten schon umgelegt und abgeknipst sein.
2. Fertige Nietmulde
3. Vernieten mit dem Clincher. Der untere Teil der Zange muss den Nagelkopf erfassen.
4. Die korrekt hergestellte Niete ist so lang wie breit. Noch raspeln – fertig!

Die Beschlagsarbeit

schmiede schwören zwar auf die klassische Methode und verwerfen die Krokodilzange, wohl aber eher aus der mangelnden Fähigkeit, mit diesem Werkzeug richtig umzugehen.

Sie verwenden diese Zange in der Regel nur bei Pferden, die den Arbeitsgang des Vernietens an den Vorderhufen auf dem Bock nur widerwillig ertragen wollen und bei Verwendung der Zange recht kooperativ werden.

In der Fachpresse gab es lange Diskussionen über den Arbeitsgang des Vernietens. Die einen bemängelten das Heraustreiben der Nietmulde mit dem Unterhauer, den anderen raspelten die Hufexperten zu sehr über die Glasurschicht, die, da sie sehr dünn ist, in diesen Raspelbereichen sicherlich verloren geht. Da der Arbeitsgang der Vernietung aber wichtig ist für die Haltbarkeit des Beschlages, ist es heute einhellige Meinung, dass bei der Notwendigkeit des Beschlages auch eine sach- und fachgerechte Vernietung unerlässlich ist.

Bei den beiden Methoden des Vernietens gibt es einige Fehlerquellen, die den sehr unerfahrenen Hufexperten entlarven.

• Die Form, die Lage und die Größe der unterhauenen Nietmulden passen nicht. Dies wird für Sie als beobachtenden Kunden sichtbar, wenn der Hufexperte abschließend mit der Hufraspel über die fertigen Nieten fährt und diese nun deutliche Feilspuren erkennen lassen oder eventuell sogar sehr dünn geraspelt sind. Die Nieten sind nun zu dünn und werden bald im Laufe der Beschlagsperiode aufstehen. Der Beschlag kann sich lockern.

• Der Ansatzwinkel der Hufbeschlagszange ist falsch gewählt und oft ist zusätzlich der Nietansatz an der Hufbeschlagszange sehr scharfkantig, so dass der Nagel an der Ansatzstelle eingeschnitten wird und abbrechen kann. Diese Nieten sind oftmals so geschwächt, dass sie nach wenigen Tagen schon abbrechen. Es besteht die Gefahr des Beschlagsverlustes.

• Besonders beim Arbeiten mit dem Clincher kann es passieren, dass das Werkzeug unten nicht aufliegt und der Nagel zurückweichen kann. Wenn der Nagel nicht fest im Falz sitzt, kann der Beschlag nicht fest mit dem Huf verbunden werden. Bleibt dieser Fehler dem Hufexperten unbemerkt, so wird das Pferd diesen Hufschutz sehr schnell verlieren.

• Bei allen Beschlägen, bei denen der Nagelkopf besonders tief versenkt wird (Kunststoffbeschläge, Öllöv, Nail Shoe und andere) muss der Hufexperte am besten mit einer auf dies Arbeit speziell präparierten Clincher Zange arbeiten. Bei einfachem Aufsetzen auf den Beschlag erreicht das Werkzeug den Nagelkopf nicht mehr und eine Befestigung ist nicht mehr möglich. Ein zum Beispiel mit einem kleinen Dorn umgerüstetes Werkzeug ermöglicht das einwandfreie Hineindrücken des Nagels in den Beschlag und damit fachmännisches Arbeiten.

• Das größte Übel ist das Ergebnis einer schlechten Arbeit beim Aufnageln. Ein zu hoch gesetzter Nagel darf nicht mit der Zange gepackt werden, um ihn herunterzuziehen und dann zu vernieten. Diese gnadenlose und unsinnige Zerstörung der Hornwand ist das Werk eines rechten Krauters.

Die Wucht des Vernietens ist nicht zu unterschätzen! Bei diesem Arbeitsgang werden die Hufnägel in starkem Maße gespannt. Hat Ihr Hufexperte in den vorigen Arbeitsgängen schlampig oder schlecht gearbeitet, ist vielleicht der Tragrand nicht eben gewesen, so ist das Vernieten in der Lage, einen nach den Nageln noch sichtbaren Spalt zwischen dem Beschlag und dem Huf zu schließen. Das ist ein ganz grober Fehler!

Auch wenn mit Kunststoff beschlagen wird und sich das elastische Material in die Mulde schmiegen wird, ist das nicht richtig. Noch schlimmer ist es beim Eisen, da sich nicht der Beschlag, sondern der Huf verformt. Das Ergebnis kann ein nach dem Beschlag klamm und unwohl laufendes Pferd sein, dem man das Unwohlsein mit seinen neuen Schuhen ansieht. Bitte aber nicht missverstehen: wenn sich der Kunststoffbeschlag hier verformt, da er weicher ist, so ist dieser Zustand deswegen nicht egal oder gut.

Die Auswirkung sind spontan geringer, ändern aber nicht die Tatsache, dass Ihr Hufexperte Ihnen eine schlechte Arbeit abgeliefert hat.

Vielleicht testen Sie beim nächsten Termin einfach sehr genau, ob der Hufexperte es wirklich geschafft hat, die Beschläge Ihres Pferdes fest zu bekommen!

Das Wichtigste auf einen Blick

Richtig
- Der Hufexperte macht sich Gedanken, welcher Hufschutz am besten für Ihr Pferd sein wird, und trifft die Wahl des Hufschutzes (Kunststoff, Eisen, Alu, Schuhe) nicht mit ideologischen Scheuklappen.
- Der Beschlag ist vor dem Aufnageln schon so geformt, dass alle Nagellöcher exakt über der weißen Linie liegen und die Hornwand nicht seitlich über den Beschlag herausragt.
- Die Auflagefläche des Eisens auf dem Huf ist absolut plan.
- Das Aufbrennen ist nur kurz und dient zur Kontrolle, nicht zum Anpassen.
- Alle Hufnägel treten in einer gleichmäßig von vorn nach hinten abfallenden Linie aus der Hufwand aus.
- Der letzte Nagel sitzt vor der weitesten Stelle des Hufes.
- Die Hufnägel passen in Stärke und Größe zum Beschlag und Huf.
- Nach dem Einschlagen der beiden Zehennägel lässt der Könner den Huf zur Kontrolle auf den Boden ab.
- Wenn Sie vom Ballen des Hufes ein Lot fällen, dann soll der Überstand des Hufeisens über die Tracht genau die Hälfte der Strecke Trachtenecke-Ballenlot sein.
- Das Eisen folgt ab der weitesten Stelle des Hufes dem Kronrand, nicht dem Tragrand (gilt nur beim regelmäßigen Huf).
- Die Nieten sitzen glatt auf der Hornwand und wurden nicht geschwächt.

Falsch
- Der Hufexperte behauptet vehement, dass nur die von ihm propagierte Hufschutzform die einzig richtige für alle Pferde sei.
- Die Nagellöcher des Beschlages liegen nicht exakt auf der weißen Linie, der Huf wird nach dem Beschlag geformt.
- Die Auflagefläche des Beschlages auf dem Huf ist nicht plan, Sie können vielleicht sogar zwischen Huf und Beschlag durchgucken.

Die Beschlagsarbeit

- Das Eisen wird zu lange und zu heiß aufgebrannt, Unebenheiten im Huf damit weggeschmurgelt.
- Die Hufnägel treten im Zickzackkurs aus der Hufwand aus.
- Der letzte Nagel sitzt hinter der weitesten Stelle des Hufes.
- Die Hufnägel haben die falsche Größe.
- Nach dem Einschlagen der Zehennägel findet keine Kontrolle statt.
- Wenn Sie vom Ballen des Hufes ein Lot fällen, trifft die gedachte Linie das Ende des Eisenschenkels oder sogar den Boden.
- Das Eisen folgt in der Form durchgehend dem Tragrand des Hufes (kann in seltenen Fällen aber orthopädisch so gewollt sein).
- Die Nieten sind nicht richtig umgebogen, ragen fühl- und sichtbar über die Hornwand hinaus; die Nieten wurden durch Glattfeilen stark geschwächt.

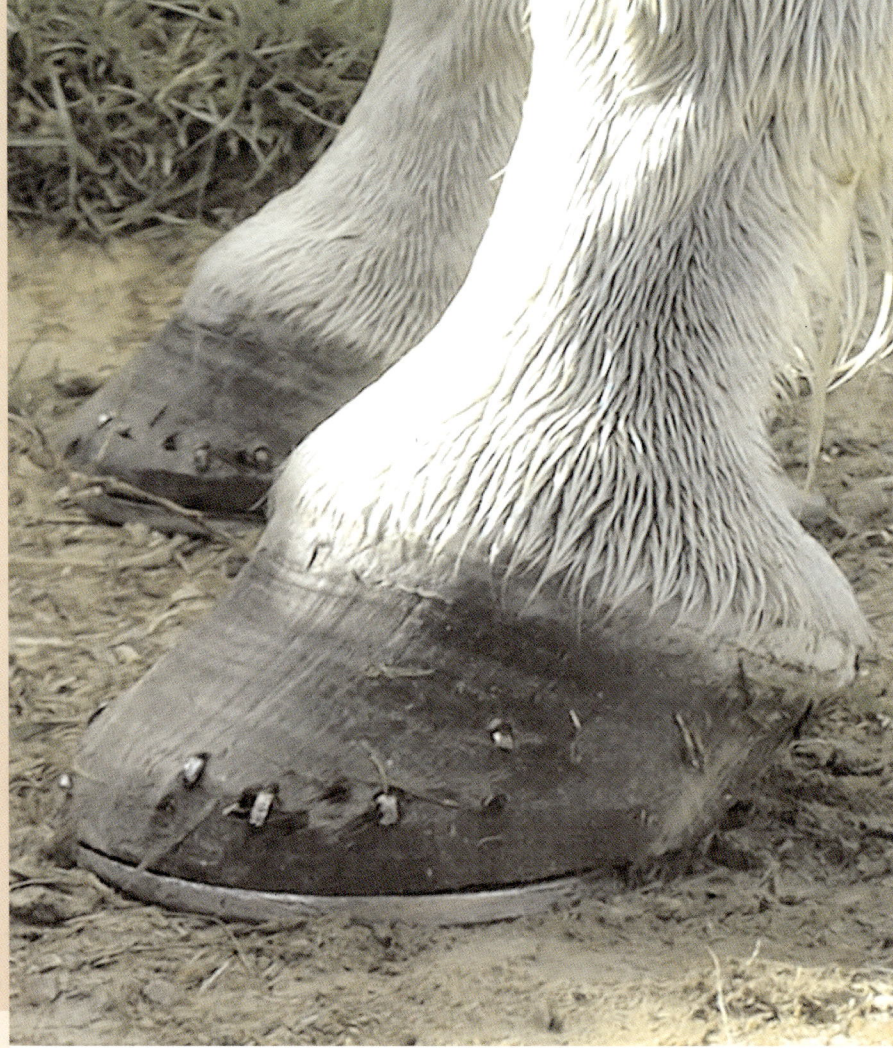

Ein Beschlag, bei dem wirklich alles falsch gemacht wurde! Das Eisen ist viel zu kurz und eng. An der angeraspelten Kante auf der Hornwand erkennt man, dass der Huf dem Eisen angepasst wurde und nicht umgekehrt. Die Nagelung ist katastrophal: Der letzte Nagel (Trachtennagel) sitzt viel zu hoch. Die Vernietung ist stümperhaft - alle Nieten sind unterschiedlich lang. Im Bereich des letzten Nagels wurde der Huf muldenartig ausgeschnitten und liegt nicht auf dem Eisen auf. Dieser Beschlag ist gerade mal ein paar Tage alt und in dieser Form als Körperverletzung am Pferd zu bezeichnen!
Foto: W. Busch

Alternative Hufschutzformen 6

Bei der Verarbeitung alternativer Hufschutzformen gilt über weite Strecken das Gleiche wie beim Eisenbeschlag, jedoch sind je nach Fabrikat einige Besonderheiten zu beachten.

Kunststoffbeschlag

Kunststoffbeschläge vergrößern ihren Marktanteil vor allem bei den Wander-, Distanz- und Freizeitreitern immer weiter. Leider werden diese Kunststoffbeschläge sehr oft völlig falsch, in vielen Fällen sogar grob fahrlässig verarbeitet.

Der Beschlag muss weit genug sein

Ein Kunststoffbeschlag muss etwas weiter gewählt werden als ein Eisen für das gleiche Pferd, weil sich der Beschlag nach einigen Tagen noch etwas nach innen an die Wölbung der Hufsohle anlegt. Wenn

Ein moderner Kunststoffbeschlag.

er zu knapp gewählt wurde, steht der Huf schnell seitlich über.

Bitte nur mit Bohren!

Alle heute lieferbaren flexiblen Kunststoffbeschläge werden als unterschiedlich profilierte Platten geliefert. Die Kunststoffplatten sind alle nicht gelocht. In einigen Fällen werben die Hersteller der Kunststoffbeschläge damit, dass ihre Beschläge aus transparentem Material gefertigt sind und dass die weiße Linie durch den Beschlag hindurch sichtbar ist. Aus mehreren Gründen ist es grob fahrlässig, die unbearbeitete Kunststoffplatte auf den gerichteten Huf zu legen und aufzunageln:

- Die anvisierte weiße Linie könnte nach innen oder außen verfehlt werden.
- Der Nagel kann sich beim Durchdringen des Kunststoffes verbiegen und so unkontrollierbar zu früh oder zu spät aus der Hornwand austreten.
- Durch das enge Anliegen des Nagels an den Kunststoff verliert man die Möglichkeit, ihn in seinem Lauf durch die Wand zu kontrollieren und den Lauf zu beeinflussen.

Wer zu Ihnen auf den Hof gekommen ist und einen Beschlag aus Kunststoff ohne Vorbohren aufnageln will, den sollten Sie vom Hof jagen!

Die Transparenz des Kunststoffes kann ein hilfreiches Detail sein, um mit einfachem Durchblicken den Punkt beziehungsweise die Punkte für die Bohrungen zu markieren. In vielen Fällen ist dieses Verfahren aber sehr unzulänglich, da das Licht durch die Kunststoffplatte gebrochen wird und nur der exakte senkrechte Aufblick eine genaue Positionierung ermöglicht. Einfacher und sicherer sind für die Markierung der Nagellöcher folgende Verfahren:

- Der Hufexperte markiert die weiße Linie mit einem gut abfärbenden Marker. Der Marker muss in der Farbe möglichst kontrastreich zum gewählten Kunststoffbeschlag sein. Der ausgewählte Beschlag wird in der richtigen Lage auf den Huf gedrückt. Die Lage der weißen Linie ist nun auf dem Beschlag markiert. Recht frei kann der Hufexperte nun die Lage seiner Bohrungen auf der markierten Linie bestimmen und deutlich anzeichnen.
- Zwei zusammengelötete Reißzwecken werden mit der einen Seite vorsichtig in die weiße Linie geheftet. Nun wird der Kunststoffbeschlag auf den Huf gelegt und festgedrückt. Die andere Hälfte der Reißzweck ist nun in den Beschlag eingedrückt. Da die Reißzwecke im Kunststoffbeschlag besser hält als in der weißen Linie, kann der Hufexperte nun den Beschlag mit den Reißzwecken abziehen. Die Reißzwecken werden vorsichtig mit einer Zange entfernt und das markierte Loch wird deutlich gekennzeichnet.

Nach dem Markieren der Lage für die Nagellöcher machen viele Hufexperten eine großen Fehler: Sie legen den Beschlag unter die Ständerbohrmaschine und bohren ihr Loch mit einem Winkel von 90 Grad, also senkrecht, hinein.

Das ist falsch! Mit den oben beschriebenen Verfahren ist der Nagelaustrittspunkt aus dem Kunststoffbeschlag angezeichnet.

Der Winkel, in dem das Loch in den Kunststoffbeschlag gebohrt werden muss, ist bestimmt durch den Winkel, den die Hufwand an der Stelle hat, an der dieser Hufnagel eingeschlagen werden soll. Senkrecht gebohrte Löcher führen den Nagel sofort in die äußere Hufwand und der Nagel durchdringt diese zu schnell und tritt sehr früh aus.

Ebenfalls wird sehr oft beobachtet, dass die Nagellöcher mit sehr kleinen Bohrern vorgebohrt werden. Ein Ein- oder 1,5-Millimeter-Bohrer ist in der Regel zu klein, da hier der Winkel, in dem der Hufexperte den Nagel ansetzen will, nicht mehr zu bestimmen ist, sondern durch die Bohrung vorgegeben ist. Der Hufexperte sollte das Nagelloch mindest mit einem Zwei-Millimeter-Bohrer vorarbeiten.

Positionsmarkierung am Huf

Diese genaue Vorarbeit ist nötig, aber leider völlig unnütz, wenn der Hufexperte nicht Sorge dafür trägt, dass der Kunststoffbeschlag zum Aufnageln in derselben Position zu liegen kommt wie das auch beim Anzeichnen der Fall war. Der sicherste Weg ist die genaue Markierung an Beschlag und Huf mit einem wasserfesten Filzschreiber zum Beispiel an der Zehe und im Trachtenbereich mit einem Strich auf Beschlag und Huf, die nun wieder zur Deckung gebracht werden.

Ebenfalls ist bei einigen Hufexperten zu beobachten, dass die Bearbeitung des Kunststoffes erst nach dem Aufnageln, also schon am Huf befindlich, geschieht. Das ist nicht nur mühselig, sondern selbst bei größer Mühe nicht so gut, vor allem da die Arbeit unvollständig bleibt.

Bearbeitung des Kunststoffes

Vor allem bleibt die Bearbeitung des Verbindungssteges unzureichend, der bei den meisten lieferbaren Kunststoffbeschlägen sehr scharfkantig ist. Diese scharfen Kanten müssen vor dem Aufnageln bearbeitet werden.

Des Weiteren fällt bei vielen Hufexperten eine eher grobe und handwerklich ungeschickte Bearbeitung des Materials „Kunststoff" auf. Alleine die Hufraspel und eine Flex mit Schruppscheibe für Metall sind sicherlich die geeignetsten Bearbeitungswerkzeuge für den Kunststoff (siehe „Werkstatteinrichtung des Hufexperten").

Beschläge aus Metallkern mit Gummi oder PU-Ummantelung

Die meisten Hersteller dieser Hufbeschläge bieten Geräte an, mit deren Hilfe die Beschläge verformt werden können. Der geübte Hufexperte kann diese Arbeit aber auch mit etwas Geschick auf dem Amboss leisten. Da die Arbeit am Amboss spätestens zur Ebnung der Beschläge sowieso nötig wird, ist auch die Verformung am Amboss aus ergonomischer Sicht passend. Der einzige Fehler, der bei der Verarbeitung dieser Beschläge oft passiert, ist die Beschädigung des Gummis oder Kunststoffes mit dem Hammer. Die Haltbarkeit des Beschlages ist dadurch in der Regel nicht herabgesetzt. Die Beschädigung des Beschlages ist aber sicherlich ein Indiz für die Ungeübtheit des Hufexperten im Umgang mit Hammer, Zange und Amboss. Bei der Arbeit mit diesen Hufbeschlägen zeigt sich der Könner in einem ganz besonderen Maße und der Murkser ist schnell zu entlarven.

Alternative Hufschutzformen

Kontrolle schwieriger

Bei diesem Beschlag, der auf Grund der verwendeten Materialien naturgemäß kalt angepasst werden muss, entfällt die Kontrolle des Nagelsitzes durch das warme Aufrichten des Eisens. Der Hufexperte muss nun auf andere Weise überprüfen, ob die Nägel in die weiße Linie geschlagen werden können, ob sie außerhalb in der Schutzschicht angesetzt würden oder etwa im Sohlenbereich. Eine übliche Methode ist das versuchsweise Einstecken der Nägel mit der Hand, dem abermaligen Entfernen und der Überprüfung, wo die Nagelabdrücke nun sitzen. Diese Problematik des Kaltbeschlags macht diese Arbeit zwar mühevoller, aber sicherlich nicht qualitativ schlechter. Eine sichere handwerkliche Fähigkeit und ausreichend Erfahrung ist für diese Arbeit allerdings sehr wichtig.

Die Zehenkappen

Ein weiterer Fehler wird von den Hufexperten beim Anpassen des Beschlages gemacht. Beim einfachen Aufsetzen des Beschlages sitzen die Zehenkappen beziehungsweise die beiden seitlichen Kappen außen auf der Hufwand auf. Das führt dazu, dass die Zehe des Hufes verlängert ist. Bei Beschlägen mit zwei seitlichen Zehenkappen erschweren diese das Anpassen des Beschlages und sehr oft werden die Nagellöcher dann außerhalb der weißen Linie in der Schutzschicht sitzen. In den meisten Fällen ist das nicht akzeptabel und der Hufexperte muss die Kappen in die Hufwand einlassen. Dieses Einlassen schafft der Hufexperte sehr passgenau. Der schlechte Hufexperte, unser Krauter, entfernt hier zum Einlassen der Zehenkappe sehr viel Horn. Ich habe schon Öllöv-Beschläge gesehen, bei denen links und rechts der Zehenkappe die Mulde zur Aufnahme jeweils einen Zentimeter weiterging. Dies ist ein deutliches Zeichen für mangelndes handwerkliches Geschick!

Können Sie etwa zwischen Beschlag und Huf durchgucken ...?

Ebenfalls ist es bei diesen Beschlägen besonders wichtig, dass der Tragrand und der Beschlag vollkommen eben gearbeitet sind. Der Tellerfedereffekt wirkt sich bei den ummantelten Beschlägen besonders intensiv aus. Riskieren Sie doch einmal einen Blick von der Trachte zur Zehe und schauen Sie, ob das frisch aufgelegte Eisen Spalten und Durchblicke gewährt. Wenn Sie so etwas entdecken sollten, stellen Sie Ihren Hufexperten zur Rede und lassen Sie ihn nachbessern!

Kleben

Ob Ihr Hufexperte nun bei Ihnen seine erste Klebearbeit ausgeführt hat, oder ob er die Vorgehensweise bei dieser Arbeit auch verstanden hat, werden Sie ganz sicher in den ersten Tagen oder spätestens nach zwei Wochen wissen; mangelnde Erfahrung in der Beklebung von Hufen kann hier nur durch die genaueste Einhaltung der Verarbeitungshinweise kompensiert werden.

Nur was für Geduldige

Die Anforderungen an die Hygiene bei der Arbeit, die Voraussetzungen, die an den Arbeitsplatz zu stellen sind und an das Interieur des Pferdes, sind für das Ankleben von Hufschuhen besonders hoch. Ganz sicher ist hier das Interieur des Pferdes von großer Bedeutung; auch das wirklich als beschlagsfromm eingestufte Pferd wird zuweilen seine Beine bewegen. Bei der Beklebung wird die Geduld des Pferdes gewaltig strapaziert. Es muss viel längere Intervalle ertragen, in denen es seine Beine zur Bearbeitung hergeben muss. Wenn das Pferd mit dem frisch geklebten Hufschuh auf dem Boden steht, um völlig in den Hufschuh zu rutschen, darf es keinerlei Unruhe zeigen und im Moment der Kleberreaktion den belasteten Huf bewegen oder drehen. Die Beurteilung und Abschätzung aller wichtigen Faktoren ums Kleben verlangen einen erfahrenen Hufexperten, der äußerst sicher im Umgang mit und in der Beurteilung von Pferden ist.

Für jeden Huf gibt's den passenden Klebeschuh

Die Hufschuhe, die auf dem Markt zur Verarbeitung angeboten werden, sind, was die Anpassung des Hufschuhes an den Huf betrifft, für den Hufexperten leicht zu verarbeiten. Bei einigen Modellen wie denen von Ibex und Mustad besteht die Schwierigkeit darin, nach der Kaltverformung auf dem Amboss wieder eine völlige Ebenheit herzustellen, wenn sie bei der Verformung verloren ging. Zuweilen ergibt sich aus der Hufform und dem Anwendungszweck die Wahl des richtigen Fabrikats: Hufexperten, die nur ein Herstellerfabrikat verarbeiten (und das ist häufig, da Lagerhaltungskosten auch in diesem Bereich recht hoch sind und die Vorgehensweise in der Verarbeitung sich zum Teil stark unterscheidet) können also nicht immer mit „ihrem" Produkt das ideale Ergebnis erzielen. Wenn sie es doch versuchen, werden häufig Misserfolge das Ergebnis sein, und dem Hufexperten ist ein recht fahrlässiger Umgang mit Ihrem Geldbeutel vorzuwerfen.

Sauber und fettfrei

Für die Verklebung gilt es auf eine für den Hufexperten ungewohnte, sehr ex-

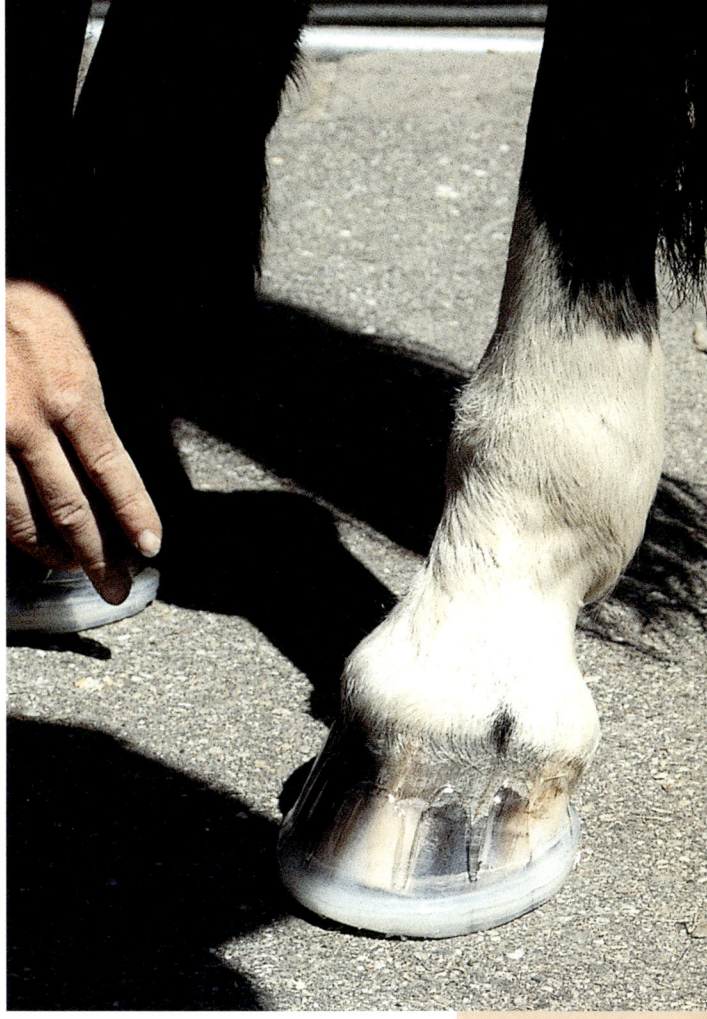

Einen Klebeschuh am Huf anzubringen ist eine recht aufwendige Angelegenheit.

treme Sauberkeit zu achten. Die perfekte Entfettung der Hornwand ist für die Verklebung eine Voraussetzung, ebenfalls ist das vom Hersteller des Klebers vorgegebene Entfettungsmittel zu verwenden. In vielen Fällen reicht diese Entfettung nicht aus und der Huf braucht eine Vorbereitungszeit von einigen Tagen.

Hufe, die auch nur sporadisch eingefettet werden, brauchen eine intensive Entfettung, damit die Klebung halten kann; genauso ungeeignet sind extrem feuchte Hufe, wie sie bei Pferden auf der „Matschkoppel" anzutreffen sind. Gegebenenfalls muss der Besitzer des Pferdes erst noch einen Platz für das Pferd in den mindestens ersten 24 Stunden nach der Beklebung finden, damit die Klebstoffe aushärten können.

Dieses muss Ihr Hufexperte erkennen und Ihnen in solchen Fällen einen neuen Termin geben!

Auch nach erfolgreicher Entfettung reicht ein Griff mit bloßen Fingern auf den Huf aus, um ihm wieder so viel Fett zu geben, dass die Haltbarkeit der Verklebung herabgesetzt ist. Da aber nun auch einmal jeder Erfahrung mit einer neuen Arbeitstechnik sammeln muss und die Gefahr für das Pferd einzig in der herabgesetzten Haltbarkeit des Hufschutzes liegt, so unterstützen Sie Ihren Hufexperten ruhig, wenn er Ihnen gesteht, dass er vielleicht noch wenig eigene Erfahrung im Bekleben hat, es aber gerne versuchen will!

Niemals vergessen: Die Endkontrolle

Zu meiner Lehrzeit schloss jeder Beschlag mit der Einfettung der Hufe, dem Einteeren der Hornsohle und des Strahls sowie der Verschließung der Nagellöcher des alten Beschlages mit speziellem Hufwachs. Dann verließ das Pferd die Schmiede, wurde auf der ebenen Vorführbahn vor der Beschlagsbrücke direkt geradeaus vorgetrabt, bis vom Schmied das für den Aufhalter erlösende Kommando „Reicht, kann fort in den Stall" kam. Es ist während meiner Betriebszugehörigkeit in dieser Schmiede nicht vorgekommen, aber das Kommando hätte bei Auffälligkeiten des Pferdes nach dem Neubeschlag durchaus auch heißen können „reicht, komm zurück in die Schmiede".

Zu viele Hufexperten nehmen sich diese Zeit leider nicht.

Der Verzicht auf die Endkontrolle der Arbeit könnte als die Angst des Hufexperten gedeutet werden, sein „Werk" nun in Funktion sehen zu müssen.

Es ist unverständlich, wenn ein Hufexperte nach abgeschlossener Tätigkeit die Chance vertut abschließend zu überprüfen, ob sein Beschlagsplan in allen Details umgesetzt werden konnte. Der Vorführgang dient ebenfalls neben dieser Überprüfung dem Lahmheitsausschluss.

Der wichtigste Arbeitsteil dieser Endkontrolle ist allerdings, den nun zu beobachtenden Zustand, die Bewegungen und alle Auffälligkeiten zu dokumentieren.

Die Dokumentation des Hufexperten

Ein Hufexperte betreut täglich einige Pferde. Die meisten Hufexperten betreiben diesen Beruf als ihren einzigen Erwerb. Sie sehen im Laufe einer Beschlagsperiode in ihrer Kundschaft viele hundert Pferde. Darunter gibt es Pferde, an die sich der Hufexperte erinnern kann, und es sind Pferde darunter, die ihm nicht weiter auffallen und an die er sich schlecht erinnern wird. Die Dokumentation des Hufexperten hat die Zielsetzung, „die Vergangenheit nicht zu vergessen um für die Zukunft zu lernen". Jeder Arbeitsgang ist das Ergebnis einer ausgiebigen Beurteilung. Der Hufexperte stellt einen Beschlagsplan auf, er wählt einen Hufschutz, er arbeitet nach seinem besten Können. Die Dokumentation muss zeigen, ob eine Entwicklung der Anfangsbeurteilung zu erkennen ist, hilft durch die Analyse der Erfahrungen aus der Vergangenheit bei den Entscheidungen für die Zukunft und macht deutlich, dass vor allem die Verbesserung eines Pferdes mit problematischen Hufen, Stellungen oder Bewegungen eine prozesshafte Arbeit ist. Ebenfalls sind durch die Analyse der Anfangsbeurteilungen sehr schnell Entwicklungen zur Verschlechterung auffällig, und es kann frühzeitig gegengesteuert werden.

Ein kleines Beispiel zur Erhellung: Ich habe in meinem Nacken direkt am Haaransatz ein kleines Muttermal. Obwohl ich bei jedem Friseurbesuch den Handwerker manchmal sogar mehrfach an die Existenz dieses Muttermals erinnerte habe, kam es immer wieder vor, dass der Friseur es beim Ausrasieren mit dem Messer verletzte und es kräftig blutete. Mein heutiger Friseur dokumentiert: wenn ich zu ihm gehe, wirft er fast unbemerkt einen kleinen Blick in meine Karteikarte, bittet mich an den Arbeitsplatz, fragt mich: „Wie immer, Herr Rau?" Mein Kopfnicken reicht nun und ich kann sicher sein, dass ich in 20 Minuten mit meiner Wunschfrisur nach Hause gehen werde!

Beim Hufexperten hängt von seiner Arbeit nicht nur die Zufriedenheit des Kunden, sondern auch die Gesundheit des Pferdes ab.

Vielleicht fragen Sie Ihren Hufexperten einmal, ob Sie diese Dokumentation Ihres Pferdes auf Diktat des Experten führen sollen!

8 Einsatz von orthopädischen Hilfsmitteln

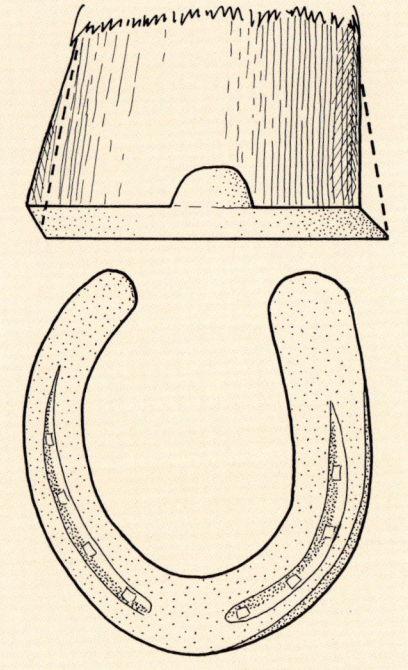

Breitschenkeleisen mit angepasster Lochung zur Korrektur eines schiefen Hufes.

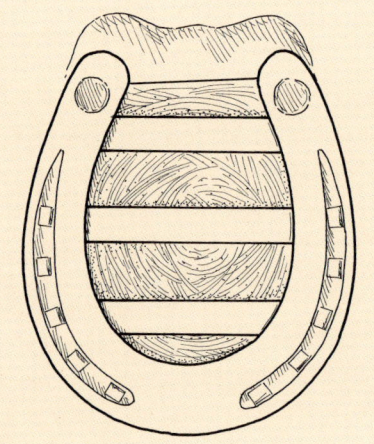

Bei Splinteisen fixieren die herausnehmbaren Stege den Druck- oder Sohlenverband.

Aus den unterschiedlichsten Gründen, aber in der Regel viel zu häufig verwenden Hufexperten orthopädische Hilfsmittel wie:

- Kunststoffkeile
- Kunststoff- oder Ledersohlen
- verschiedene Sohlenpolster
- Stege an verschiedenen Stellen des Hufschutzes
- Spezialeisen wie das Eiereisen (Egg Bar Shoe), das herzförmige Stegeisen (Heart Bar Shoe) oder andere
- Kunsthorne
- Aufschweißkeile
- Einlagen zwischen Hufschutz und Huftragrand

Es ist auffällig, dass der Einsatz dieser orthopädischen Hilfsmittel oft durch eigene Fehlleistung des Hufexperten erst notwendig wird und dass nun der fehlerhafte Einsatz oder die falsche Auswahl die Situation oft noch verschlimmert.

Beispiel 1:
Der Hufexperte hat die Trachten des Hufes regelmäßig zu stark gekürzt, sodass der Huf nach einigen Beschlägen deutlich zu spitz zum Fesselstand geworden ist. Er setzt nun entweder (a) Aufschweißkeile ein oder verwendet (b) einen Einlagekeil, um diese Fehlarbeit zu berichtigen.

(a) Die Aufschweißkeile führen:
- zur Gewichtssteigerung des Beschlages speziell im Trachtenbereich und bewirken somit oft eine deutliche Tendenz zur Trachtenfußung
- zu einem Anstieg des punktuellen Drucks in den Trachten bei Belastung (wie bei Stöckelschuhen an Frauenfüßen erhöht sich hier der Druck auf der Ferse).

Die Länge der Trachtenwand wird sich nicht oder nur schleppend erhöhen, die Trachten bleiben bei schlechter Hornqualität anfällig und die Tendenz zu untergeschobenen Trachten wird nun offensichtlich.

(b) Der Einlegekeil hat ebenfalls Auswirkungen:
- Die nachwachsenden Trachten drücken sich in den Plastikkeil ein. Die nur anfänglich erreichte Winkelveränderung verschlechtert sich wieder und das Trachtenhorn wird qualitativ deutlich schlechter. Das Einsinken der Trachten in das Keilmaterial ist eine mechanische Bremse für den Hufmechanismus, was die Gesamtfunktion des Hufes beeinträchtigt.
- Der nicht bis an die Zehe durchgängige Keil lässt im Bereich des ersten bis dritten Nagels einen Hohlraum entstehen. Auch hieraus verstärkt sich die Belastung der Trachte und der Zehe. Wie beim uneben gerichteten Huf entstehen vor allem bei harten Hornqualitäten Zusammenhangstrennungen des Hornes wie Spalten, hohle und lose Wände.

Solche orthopädischen Mittel sind, wenn die Verwendung der oben genannten überhaupt noch sinnvoll erscheint, nur zur Behandlung des erkrankten Pferdes, sicherlich aber nicht zur gedankenlosen und inkompetenten Anwendung gedacht und vor allem nicht zum Ausbügeln schlampiger Arbeit bestimmt.

Beispiel 2:
Verschiedenartige Fehler wie
1. Verwendung falscher, nicht passender Nägel
2. Hufhorn beim Beschneiden nicht ausreichend gekürzt
3. nicht korrektes Herrichten der Hufe (vor allem Stellung von vorne beurteilt und Hinterhand)
4. mangelnde Zehenrichtung
5. zu langer, zu weiter Hufschutz (sehr selten)
6. passender Hufschutz, aber einer der anderen Fehler
7. Nageln in die Wand
8. mangelhafte Beurteilung des Pferdes in Ruhe und Bewegung

ermöglichen und fördern ein Herabtreten eines Beschlages mit Hornausbrüchen oder zum Teil massiven Hornwandschädigungen. Während die Punkte 3, 4, 5 und 8 oft Ursache für das Heruntertreten des Hufschutzes sind, fördern die Punkte 1, 2, 3 und 7 die Hornwandschädigung. Sehr oft zu beobachten ist nun der Einsatz von Kunsthornen, Hufhärtern oder Klebeschuhen bei ausschließlicher Veränderung der Länge und Weite des Eisens bei den nächsten Arbeiten. Hier setzt der Hufexperte einen unguten Zyklus in Gang, dessen Resultat zu enge und zu kurze Beschläge sind. Die nötige Selbstkritik und die Suche nach möglichen Ursachen für Beschlagsverlust oder Hornausbrüche bleiben aus. Beschlagenden Huftechnikern und Hufpflegern ist oftmals vorzuwerfen, dass sie die Hufe zu sparsam be-

Einsatz von orthopädischen Hilfsmitteln

schneiden und somit das tote, ausgehärtete Horn nicht mehr die nötige Widerstandskraft besitzt, was zu Beschlagsverlust und Hornausbruch führt. Viele Hufschmiede sind für weit reichende Verschlechterung der Hufe verantwortlich, da sie kontinuierlich die Pferde mit zu engen und zu kurzen Hufeisen beschlagen. Manche dieser durch schlechte Hufschmiede irreversibel geschädigten Pferde verlieren ihre Reittauglichkeit daher viel zu früh.

Beispiel 3:
Bei vielen Reitern ist das Vorbild einiger bekannter Sportpferde der Anlass, sich vom Hufexperten die Verwendung eines Eiereisens zu wünschen. Weit verbreitet ist deshalb heute der inflationäre Einsatz dieses Spezialeisens aus der Huforthopädie, das bei der Erkrankung an der Hufrolle (Podotrochlose) mit gutem Erfolg eingesetzt wird. Als prophylaktische Maßnahme ist der Einsatz fraglich, wenn stattdessen ein ausreichend langes Eisen als Alternative ausgeführt wird.

Kurios wird das Eiereisen aber bei der zumeist zu beobachtenden falschen Anwendung. Dieser Beschlag ist bei falscher Formgebung und Länge nicht nur in der Wirkung unsinnig, sondern durch das unnötig erhöhte Gewicht sogar schlecht. In den allermeisten Fällen ist der Beschlag zu kurz gelegt und in der Mittelachse fehlgeformt. Eine im Trachtenbereich positiv unterstützende Wirkung ist so nicht oder nur gering gegeben, wird zudem völlig durch die Gewichtserhöhung aufgehoben.

Bei der Auswahl des Hufschutzes muss der Hufexperte aus seinem Wissen und Urteilsvermögen heraus einen Beschlag vorschlagen oder dringend anraten, sicherlich aber nicht den von Trends geprägten Reiterwünschen oder unqualifizierten Mutmaßungen der Reiter folgen und entsprechen.

Kooperation zwischen Tierarzt und Hufexperte

Hüten Sie sich vor einem Hufexperten, der glaubt, der bessere Tierarzt zu sein!

Sollte Ihr Pferd im Bewegungsapparat Probleme haben, ist in vielen Fällen der Hufexperte der erste Ansprechpartner, da er regelmäßiger Ihren Hof besuchen wird als der Tierarzt. Eine der herausragenden Fähigkeiten Ihres Hufexperten sollte das Wissen um seine Grenzen sein.

Der Hufexperte muss hier als fachmännischer Ratgeber des Pferdebesitzers aus seiner Erfahrung raten und auf einen Tierarzt verweisen, wenn er es für angemessen hält, oder sicher wissen, dass der Anruf zurzeit nicht nötig ist, aber zum Beispiel beim Eintreten bestimmter Umstände ein Tierarztbesuch angebracht sein wird.

Hufexperten sind sicherlich fähig und auch gefordert, bei einem Pferd die Tatsache der Lahmheit zu bestätigen und zu bescheinigen, und sicherlich ist das Abdrücken des Hufes mit der Hufuntersuchungszange sinnvoll, um feststellen zu können, ob diese Lahmheit ihren Ursprung und ihre Ursache im Huf hat.

Bei Lokalisation einer druckempfindlichen Stelle ist sicherlich auch das Nachschneiden und Öffnen eines Abszesses richtig, so wie das Spülen und Jodieren und das abschließende Anlegen eines Hufverbandes. Aber hier endet die „tierärztliche" Tätigkeit des Hufexperten!

Einige Hufexperten verstehen sich nicht nur als Huforthopäden, sondern meinen diesen Begriff auch im medizinischen Sinne. Sie sehen ihre Aufgabe wie selbstverständlich ebenfalls in der Diagnose einer Lahmheitsursache sowie die Einleitung der Therapie. Einen solch anmaßenden Umgang mit der Gesundheit Ihres Pferdes brauchen und dürfen Sie sich nicht gefallen lassen.

Der gute Hufexperte sieht seine Aufgabe nur in der Zusammenarbeit mit dem Tierarzt und natürlich dem Pferdebesitzer. Wenn es in früheren Jahren meist so war, dass der Tierarzt eine Diagnose stellte und nun dem Hufschmied den Auftrag für die Ausführung einer Maßnahme gab, wie etwa für einen orthopädischen Beschlag, so lag das an der erheblich besseren Kenntnis der Tierarztes über die Art des hilfreichen Beschlages. Der Hufexperte war ausschließlich der Fachmann zur Frage der Ausführung. Einige Hufexperten haben ihre Fortbildung in den letzten Jahren sehr vernachlässigt. Sie verfügen zum Teil über ein erhebliches Maß an Erfahrungen, können und wollen aber nur die teils heute von der Forschung überholten alten Wege der orthopädischen Hufarbei-

Kooperation zwischen Tierarzt und Hufexperte

ten ausführen. Hier obliegt dem Tierarzt die Verantwortung zu entscheiden, ob die Hinzuziehung eines anderen Hufexperten sinnvoll ist oder aber ob der konservative Weg in diesem Falle vielleicht gerade der sinnvolle ist.

Aber die meisten Hufexperten besuchen heute Weiterbildungen und sind über die neuen Wege in der Huforthopädie bestens informiert. Und so hat sich die Entscheidungsfindung auf dem Weg zum Idealbeschlag etwas gewandelt. Zunehmend häufiger werden Entscheidungen über die flankierende Maßnahme des Beschlages teilweise nicht mehr auf alleinige Anweisung des Tierarztes getroffen, sondern oftmals kommt der Tierarzt nach gestellter Diagnose mit dem Hufexperten zusammen, um ihm vorzustellen, welche Ziele die Ausführung des Beschlages flankierend zu einer etwaigen medikamentösen Behandlung erreichen und verfolgen soll. Der Hufexperte formuliert die zur Auswahl stehenden technischen Möglichkeiten und nach einem gemeinsamen Abwägen wird die Entscheidung getroffen. Dem Pferdebesitzer fällt hier in vielen Fällen die Aufgabe zu, die Rahmenbedingungen für einen optimalen Heilungserfolg zu schaffen.

Leider ist es so, dass in der Huforthopädie die ganze Palette der heute erhältlichen Hufschutzmöglichkeiten eingesetzt wird, viele Hufexperten aber nur auf eine engere Auswahl an Arbeitsschwerpunkten spezialisiert sind oder aber nur gewisse Arbeiten von Gesetzes wegen ausführen dürfen. In den meisten Fällen ist der Hufexperte der beste für die orthopädische Arbeit, der eine möglichst weite Angebotspalette an Hufarbeiten bietet.

Dies ist ein heute sehr verbreiteter, erfolgreicher weil kooperativer Arbeitsstil, der zum Wohle der Pferde ist und wohl deswegen auch so viele Freunde gefunden hat.

Die Haftung und Gewährleistung des Hufexperten

Was tun bei Meinungsverschiedenheit und Streit?

Jeder Mensch, auch jeder Hufexperte, der arbeitet, macht Fehler. Da viele Hufexperten viel arbeiten, machen sie auch viele Fehler. Das, was jeder Pferdebesitzer, also Kunde, vom Hufexperten erwarten kann, ist das Eingeständnis über den gemachten Fehler.

Da der Hufexperte der Fachmann ist, sollten ihm auch Fehler auffallen, die eventuell dem Kunden verborgen blieben. Ein ehrlicher Umgang auch mit solchen Fakten dient der vertrauensvollen Zusammenarbeit für viele Jahre. Manche Probleme, die auftreten und zu Streit führen, sind nicht in der Person des Hufexperten begründet, sondern in seinem prinzipiellen Vorgehen bei der Arbeit. Viele Hufpfleger, die nach den Methoden von Frau Strasser arbeiten hätten sicherlich Streitigkeiten verhindern können, hätten sie deutlich erklärt, dass in den ersten acht Monaten nach Umstellung auf das unbeschlagenen Laufen bei dieser Form der Bearbeitung mit Lahmheiten und Abszessbildung zu rechnen ist. Der Kunde hätte im Vorfeld nun gut informiert entscheiden können, ob er diese Vorgehensweise riskieren will, und hätte dann erst der Ausführung der Arbeit zugestimmt.

Trotzdem gibt es überall und viele Streitigkeiten, die leider meist vor Gericht enden, aber ganz sicher mit dem Wechsel zu einem anderen Hufexperten. Vor allem der Weg vor das Gericht ist ein teurer und im Grunde für keinen Beteiligten lohnender Weg.

Ein probates Mittel ist die Einschaltung eines öffentlich bestellten und vereidigten Sachverständigen für den Hufbeschlag, der als Schlichter fungierend die Sachlage überprüft und in den meisten Fällen auch kostengünstig zur Beilegung der Streitigkeiten beitragen kann.

Meine Hoffnung ist, dass dieses Buch den interessierten Leser weiter über die vielen Fehlerquellen und Fahrlässigkeiten, die der Hufexperte begehen kann, informiert, was wiederum den Hufexperten in Zugzwang bringt und ihn zu besserer Arbeit anspornt. Er wird nun ja kompetent von Ihnen beurteilt. Dies sollte die Qualität der Hufexpertenarbeit vorantreiben und zur Vermeidung von Streitigkeiten beitragen, aber auch den Leser sicher machen, das zu rügen, was nicht fachgerecht ist und er nicht dulden muss.

Die Haftung und Gewährleistung des Hufexperten

Die juristische Seite: Werkvertrag oder Dienstvertrag?

Wenn Sie den Hufexperten anrufen um ihn zu informieren, dass eine Arbeit an den Hufen Ihres Pferdes zu machen wäre, ist mit der Terminvergabe des Hufexperten zwischen Ihnen und ihm ein Vertrag zustande gekommen.

Der Hufexperte hat Ihnen mit dem Vertrag zugesichert an einem bestimmten Tag, zu einer bestimmten Zeit, auf Ihren Hof zu kommen und die Hufe des Pferdes zu bearbeiten. Im Gegenzug ist es nun Ihre Aufgabe, dem Hufexperten die Erbringung der Leistung zu ermöglichen, also die Abnahme der Leistung, und den Hufexperten zu entlohnen.

Im Vertragsrecht unterscheidet man prinzipiell zwischen zwei Vertragsformen:

- dem Werkvertrag und
- dem Dienstvertrag

Jeder zwischen einem Pferdebesitzer und einem staatlich geprüften Hufschmied und einem Hufpfleger GdHK (also ebenfalls mit staatlich anerkannter Prüfung) zustande gekommener Vertrag ist ein Werkvertrag:

Bei einem Werkvertrag schuldet Ihnen der Hufexperte neben der Arbeit am Pferdehuf selbst auch den Erfolg!

Beispiel: Sie haben ein Reitpferd, dessen Hufe nach ausgiebiger Beurteilung mit einem Kunststoffbeschlag geschützt werden sollen. Der Hufexperte führt die Arbeit aus und haftet nicht nur für die fachgerechte Ausführung der Arbeit, sondern auch dafür, dass der Beschlag für den von Ihnen angegebenen Verwendungszweck geeignet ist. Diese Eignung beinhaltet ebenfalls die zeitliche Komponente, denn man muss bei einem Pferdebeschlag von einer Nutzungsdauer von etwa sechs Wochen ausgehen. Sollte sich der aufgebrachte Beschlag nach vielleicht zwei Wochen für die Nutzung nicht mehr eignen, so haftet der Hufexperte durch Abschluss des Werkvertrages ebenso.

Bei allen anderen Hufexperten, wie den Huforthopäden nach Biernat und vor allem den Hufpflegern nach Strasser und den vielen Autodidakten, sieht die Rechtssprechung den zustande gekommenen Vertrag zuweilen nicht so klar. In vielen Fällen ist der abgeschlossene Vertrag eine Mischform aus Werk- und Dienstvertrag.

Bei einem Dienstvertrag ist die Situation grundlegend anders als beim Werkvertrag. Bei diesem Vertragstyp schuldet der beauftragte Vertragspartner rein die Ausführung der Arbeit, ohne den gesetzlichen Anspruch des anderen Vertragspartners auf den Erfolg. Dieser Vertrag kommt zum Beispiel immer bei der Beauftragung eines Tierarztes durch den Pferdebesitzer zustande. Der Tierarzt schuldet Ihnen durch seine Beauftragung die Diagnose und die Behandlung, ist aber nicht haftbar zu machen, wenn seine Bemühungen erfolglos waren, die Diagnose oder die Behandlung falsch war oder das Pferd sogar trotz (wegen) der Behandlung stirbt.

Um die Problematik etwas zu verdeutlichen, folgendes Beispiel:

Sie haben einen Hufexperten bestellt um die Eisen von den Hufen Ihres gesunden Pferdes zu entfernen und die Hufe zu beschneiden, damit Ihr Pferd in Zukunft barfuß laufen kann. Der Hufexperte führt die Arbeit aus, schneidet die Hufe aber so stark zurück, dass das Pferd nun klamm, eventuell lahm geht.

War der Hufexperte ein staatlich geprüfter Hufschmied, so haftet der Hufschmied aus dem Werkvertrag für den von ihm verursachten Schaden, da der Hufschmied gegen die Regeln der Kunst verstoßen hat und den Huf nicht auf das für das Pferd natürliche Maß zurückschnitt, sondern darüber hinaus. Sie geben dem Hufschmied die Information über den Mangel und ermöglichen dem Hufschmied mit einer Fristsetzung die Nachbesserung seiner schlechten Arbeit. Da Sie dem Hufschmied mitteilten, dass Sie mit dem unbeschlagenen Pferd weiter reiten wollten, dies jetzt aber nur noch über eine Hufschutzmaßnahme zu erreichen ist, muss der Hufschmied auf seine Kosten eine geeignete Hufschutzmaßnahme wählen und ausführen (zum Beispiel Kleben, da der Beschlag mit Nägeln bei einem zu kurz geschnittenen Huf weitere, manchmal unkalkulierbare Risiken trägt). Eventuell anfallende Kosten für den Tierarzt hat der Hufschmied ebenfalls zu tragen. Wenn der angemahnte Hufschmied in der von Ihnen bestellten Frist keine Besserung versucht, so können Sie einen anderen Hufschmied zur Ausbesserung der mangelhaften Arbeit bestellen, dessen Kosten der erste Hufschmied zu begleichen hat. Der kluge Hufschmied hat für solche Fälle eine Betriebshaftpflichtversicherung, die den Kapitalschaden des Hufschmiedes in diesem Fall übernehmen würde.

Anders stellt sich der Sachverhalt für Sie dar, sollten Sie beispielsweise einen Hufpfleger nach Strasser bestellt haben. Die Hufpfleger nach Strasser kürzen die Hufe des Pferdes vor allem im Trachtenbereich über das Maß des Hufschmiedes hinaus. Weiterhin weisen sie manchmal zu undeutlich auf die bis zu acht Monate dauernde Umstellung des beschlagenen Hufes auf das Barhuflaufen hin. Da nach ihrer Definition jeder beschlagene Huf erkrankt ist, ist somit jede Umstellung auf das unbeschlagenen Laufen mit einem Heilungsprozess verbunden, also quasi eine Therapie. Die Konsequenz ist, dass hier ein Dienstvertrag zustande gekommen ist, was bedeutet, dass Sie als Pferdebesitzer alleine die Kosten für eine tierärztliche Behandlung zu tragen haben, die sich eventuell aus der Arbeit des Hufpflegers ergibt. Ist der Zustand des Pferdes nicht haltbar und ein Hufschutz unausweichlich, tragen Sie auch diese Kosten.

Gegen einige Hufpfleger nach Frau Strasser (VdHP) sind bundesweit Prozesse geführt worden, bei denen es zum Teil um erhebliche Schadensersatzansprüche ging, wobei mir kein Prozess bekannt ist, welcher zugunsten des Pferdebesitzers entschieden wurde.

Im Grunde ähnlich stellt sich diese Situation für den Pferdebesitzer auch bei der Beauftragung eines Huforthopäden nach Biernat (DHG) dar. Obwohl diese Hufpfleger erst sehr neu auf dem Markt ihre Dienste anbieten und mir somit noch keine anhängigen Verfahren bekannt wurden, ist von einer Vermischung der beiden Vertragstypen bei der Beauftragung eines Huforthopäden DHG auszugehen. Die von den Huforthopäden in Aussicht gestellte Gesundung des Hufes, die Verbesserung des Hufes oder die Heilung einer chronischen Erkrankung hat offensichtlich den Charakter des Dienstvertrages. Sie haben Anspruch auf die handwerkliche Leistung und können sich freuen, wenn das versprochenen Ziel erreicht wird, müssen aber

Die Haftung und Gewährleistung des Hufexperten

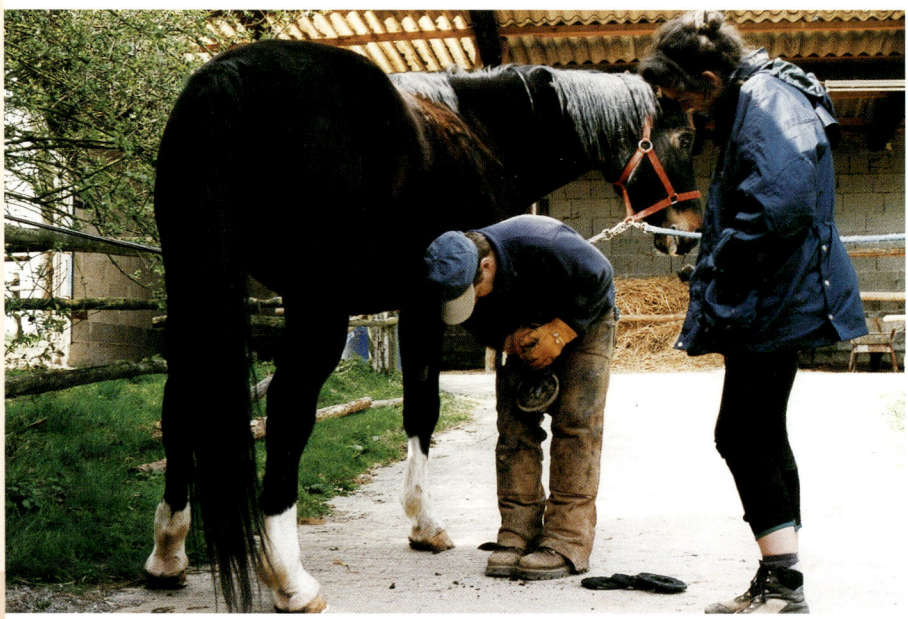

Sehen Sie Ihrem Hufexperten ruhig mal auf die Finger!

zähneknirschend den Tierarzt zahlen, wenn das Gegenteil herauskommen sollte. Ein Rechtsanspruch auf eine erfolgreiche Arbeit besteht für Sie nicht. Anders sieht es aus, wenn ein Huforthopäde DHG einen Hufbeschlag aus Kunststoff anbringt oder Ihrem Pferd einen Hufschuh anpasst. Dies ist offensichtlich eine Arbeit, deren Wesen einen Werkvertrag fordert. In diesem Fall haftet der Huforthopäde nicht nur für die Schäden, die er bei unsachgemäßem Arbeiten verursacht, sondern auch für die Zweckmäßigkeit der Arbeit. Leider ist in diesem Segment aber eine offensichtliche Diskrepanz zwischen der Rechtssituation und der Praxis.

Ist der von Ihnen bestellte Hufexperte ein Hufschmied, ist die Vertragsform rechtlich eindeutig ein Werkvertrag. Handelt es sich um einen Hufpfleger VdHP oder DHG, wird dies in der Rechtsprechung meist als eine Mischform von Dienst- und Werkvertrag angesehen, da die „Heilung" des Hufes in den Vordergrund gerückt wird, nicht dessen Befähigung zur Nutzung oder Reitfähigkeit.

Es ist das Wesen des Werkvertrages, dass die Arbeit nicht nur erbracht werden muss, sondern sie muss auch fachmännisch und erfolgreich erbracht sein. Fehlerhafte Arbeit muss nachgebessert werden, und natürlich müssen Sie den Handwerker über diese Beanstandung informieren und ihm die Möglichkeit zur Nachbesserung geben. Sehr viele Hufschmiede sind bei der Annahme der Arbeit sehr bedenkenlos: Sehr oft kommt es vor, dass dem Hufschmied Problemhufe vorgestellt werden. Diese erkrankten, vernachlässigten oder aber verletzten Hufe bearbeitet der Hufschmied nun mit großem Ehrgeiz in der Hoffnung, dass ihm die Arbeit gelingen wird. Er handelt sowohl im eigenen Interesse als auch im Interesse des Pferdes klüger, wenn er mit einem Tierarzt kooperiert und die Hufbearbeitung nach dessen Diagnose und Anordnung durchführt.

Vorschlag: Jede Vertragsstreitigkeit, die vor dem Gericht endet, ist nicht nur ärgerlich, sie ist auch teuer. Eine kostengünstigere und im Ergebnis vergleichbare Lösung bei den meisten Streitigkeiten um die Hufbearbeitung beim Pferd wäre die Vereinbarung zwischen dem Pferdebesitzer und dem Hufexperten sich zur Lösung und Beilegung einer eventuellen Streitigkeit dem Spruch (oder besser Schlichtungsvorschlag) eines öffentlich bestellten und vereidigten Sachverständigen für den Hufbeschlag zu unterwerfen.

Vorbeugen ist besser als ...

Schöner für alle Beteiligten (mit Ausnahme des Sachverständigen, der ja schließlich auch leben möchte) ist es natürlich, wenn sich Streitigkeiten schon im Vorfeld vermeiden lassen! Einen wichtigen Schritt in diese Richtung haben Sie nach der Lektüre dieses Buches schon getan.

Sie sind jetzt über weite Strecken in der Lage, selbst zu beurteilen, ob an den Hufen Ihres Pferdes meisterlich gearbeitet oder gemurkst wird. Sie können Ihren Hufexperten gezielt ansprechen und fragen, wenn Sie den Verdacht haben, dass etwas an seiner Arbeit nicht in Ordnung ist. Kann er Ihnen keine vernünftige Begründung für das liefern, was er tut, und zeigt er sich nicht bereit, offensichtliche Mängel zu beheben oder seine Arbeit beim nächsten Mal besser zu machen, sehen Sie sich nach einem anderen Experten um.

In diesem Sinne: liebe Hufexperten, strengen Sie sich an, wenn Ihnen Leser dieses Buches auf die Finger gucken! Es mag unbequem sein, aber letzten Endes nutzt es auch Ihnen, dem Ruf Ihres gesamten Berufsstandes und vor allem den Pferden!